LA FRANCE, MALADE DE L'ISLAMISME

MENACES TERRORISTES SUR L'HEXAGONE

MOHAMED SIFAOUI

LA FRANCE, MALADE DE L'ISLAMISME

Menaces terroristes sur l'Hexagone

Préface
de
Jean-François Kahn

COLLECTION
« DOCUMENTS »

le cherche midi

23, rue du Cherche-Midi 75006 Paris

Vous pouvez consulter notre catalogue général et l'annonce
de nos prochaines parutions sur notre site Internet :
cherche-midi.com

À toutes les victimes du terrorisme islamiste...

Mes remerciements à ceux qui ont aidé
à la réalisation de cette enquête.

Quelques versets du Coran

« Vous qui croyez, entrez en masse dans la paix. »

« Et dépensez dans le sentier de Dieu. Et ne vous jetez pas par vos propres mains dans la destruction. Et faites le bien. Car Dieu aime les bienfaisants. »

Quelques *hadith*[1] du Prophète *Mohamed*

– La sédition est dormante. Est maudit celui qui la réveille...

– Il y aura vers la fin des temps des gens de ma communauté qui vous rapporteront ce que vous n'avez jamais entendu ni vous ni vos ancêtres, alors prenez garde à eux...

– M'attribuer un mensonge n'est pas comme attribuer un mensonge à quiconque d'autre. Alors, celui qui ment intentionnellement sur mon compte, qu'il prenne sa place en enfer...

–[En Islam] on ne nuit pas et on ne cherche pas à répondre à un dommage par un autre dommage...

---

1. Narrations rapportant les paroles et les actes du Prophète *Mohamed*.

Sommaire

Préface

par Jean-François Kahn

Je ne partage pas toutes les opinions exprimées par ce livre... ou, plus exactement, je n'emploierais pas toujours tel mot (parfois même le mot *« terroriste »*) ou bien, dans certain cas, je ne le dirais pas *« comme ça »*. Certaines responsabilités américano-israéliennes – qu'il se soit agi d'instrumentaliser la dérive fondamentaliste ou de l'alimenter en lui donnant du grain à moudre – eussent sans doute mérité d'être plus approfondies. On ne combat pas le terrorisme islamiste, mais on le nourrit au contraire, lorsqu'on bombarde des populations civiles, lorsqu'on amnistie des crimes de guerre sous prétexte que le camp qui les commet est celui *« du bien »*, lorsqu'on viole les règles du droit au nom desquelles nous entendons combattre, lorsqu'on prive des peuples de leur souveraineté, lorsqu'on soutient à bout de bras des dictatures corrompues.

N'empêche : l'ouvrage de Mohamed Sifaoui, clair, carré, informé, complet, intelligent, constitue, de la part de l'Algérien musulman qu'il est et veut être, du démocrate maghrébin qui sait ce qu'ont coûté certaines compromissions des pouvoirs en place, un acte de courage extrême – extraordinaire même – et rare.

Oui l'intégrisme *« islamiste »*, ce fanatisme obscurantiste, cette version « verte » du fascisme brun ou noir, représente aujourd'hui, pour les valeurs de civilisation que nous avons hérité de la philosophie des

Lumières, de la Révolution de 1789 et de la Déclaration des droits de l'homme, des grands combats menés au nom du libéralisme ou du socialisme, un danger majeur. Terrifiant ! Et d'autant plus redoutable qu'il bénéficie, y compris chez nous, de la part de ceux-là mêmes qui font preuve, en d'autres occasions, d'un antifascisme intransigeant, ou même d'un anticléricalisme sans concession, de complaisances ahurissantes.

Pourquoi ? Pour une raison que je voudrais expliciter ici et qui relève, en réalité, du racisme. Du mépris inavouable de l'autre.

D'abord ce constat : il y a, aujourd'hui, dans la majorité des pays du globe – ceux surtout qui rassemblent la plus grande partie de la population de la planète – plus de fanatiques prêts à se sacrifier à la folie totalitaire des fous de Dieu que de héros disposés à mourir pour nos principes de liberté, d'humanité et de tolérance. Regardons cette réalité en face : en Indonésie, au Pakistan, en Égypte, mais aussi au Maroc, mais aussi en Asie Centrale, en Inde, en Malaisie, en pays Tamoul, au Kurdistan – et demain, qui sait, en Terre Sainte, Israël compris, si la paix n'y est pas rétablie –, il y a désormais plus de sympathisants actifs des courants intégristes (et pas seulement islamistes), que de militants démocrates progressistes réellement agissants.

Pourquoi et comment en est-on arrivé là ? Pourquoi et comment avons-nous en grande partie enfanté nous-mêmes le monstre qui a grandi au point de frapper l'Amérique en plein cœur ? Même les nazis n'y étaient pas parvenus. D'abord parce que le courant rationaliste a doublement démissionné. D'abord en cautionnant trop souvent ce néo-cléricalisme que représentait le système communiste. Ensuite en sous-estimant le danger de l'archéo-cléricalisme généré par la chute du communiste.

Mais la première source de notre erreur, nous l'avons dit, c'est le racisme, fut-il inconscient.

Expliquons-nous. Depuis le 11 septembre 2001 se développe, par médias interposés, un débat surréaliste sur le thème : *« Le Coran légitime-t-il ou condamne-t-il la violence ? Admet-il ou réprouve-t-il le meurtre ? Quel contenu exactement donne-t-il au concept de Djihad ? Que dit exactement tel verset de telle sourate ? Que les infidèles et les mécréants doivent être tolérés ou impitoyablement combattus ?»*

Or, imagine-t-on un instant le même débat portant sur une interprétation littérale de la Bible. Le Parlement a voté une loi sur la parité : que dit exactement là-dessus l'Ancien Testament ? Il est question de baisser ou d'augmenter les impôts : une telle initiative est-elle conforme à la lettre du message biblique ? Est-il légitime d'affamer les nouveau-nés irakiens sous prétexte que Dieu, du temps de Moïse, a frappé les premiers-nés d'Égypte ? La noyade des armées de pharaons dans la mer Rouge justifie-t-elle l'épuration ethnique ? Faut-il prendre au pied de la lettre la parabole de Marie-Madeleine dans le Nouveau Testament ?

Convenons-en : si n'importe qui, aujourd'hui, se faisait l'écho d'un tel raisonnement, il serait impitoyablement renvoyé à l'enfer de son obscurantisme crasse. Or, ce discours de soumission totale à une pseudo vérité absolue qui serait contenue dans un livre unique et saint, inspiré directement par Dieu, est considéré comme inconcevable et inadmissible venant d'un chrétien qui fait référence à la Bible, mais tout à fait acceptable venant d'un musulman qui fait référence au Coran. Autrement dit, ce que notre intelligence nous dicte, leur *« bêtise »* le leur permet. Notre *« modernité »* doit s'incliner devant leur Moyen Âge. Une telle attitude implique un total mépris de l'autre. Elle signifie : ce qui vaut pour moi, qui suis civilisé, ne vaut pas pour eux, parce qu'ils sont *« cons »* et *« en retard »*. Définition même du racisme ! Paternalisme insupportable. Néocolonialisme patent.

Or, cette disqualification du peuple musulman, décrété par nous inapte au rationalisme, à l'esprit critique, à la modernité laïque, imprègne totalement notre façon de concevoir nos rapports à lui, notre dialogue avec lui.

La preuve : un grand journal qui ne publierait pas la tribune d'un intégriste, catholique ou protestant, préconisant la recléricalisation de l'État, la fusion du spirituel et du temporel, le retour à la quintessence de la parole biblique, publie, en revanche, tout à fait normalement des textes de M. *Tariq Ramadan*, islamiste dit *« modéré »*, de la mouvance *« Frères musulmans »*, qualifié simplement de *« professeur de philosophie »* et qui défend très exactement ces idées-là. L'imam de la future grande mosquée de la rue de Tanger, à Paris, *Larbi Kechat*, est présenté comme un *« moderniste »* plutôt *« ouvert »*, alors que proche lui aussi des Frères musulmans, il défend des idées qui, dans la bouche d'un évêque, seraient estimées insupportablement rétrogrades. Ce qui signifie quoi ? Sinon qu'en vertu d'une scandaleuse condescendance élitiste (serions-nous des êtres supérieurs ?), nous considérons que, compte tenu de leur arriération congénitale, ce qui est obscurantiste *« chez nous »* est *« moderniste »* chez eux ; qu'il faut laisser ces *« grands enfants »* brandir le Coran comme preuve ultime, alors que, lorsque Mme Christine Boutin s'y risque avec la Bible, elle est l'objet d'impitoyables saillies dans les médias. Racisme, encore, dont Berlusconi, d'une certaine manière, s'est fait l'écho. Ce qu'on appelle le *« choc des civilisations »*.

Car le concept de *« choc des civilisations »* signifie, en réalité, que la nôtre est supérieure, parce que grâce à Bacon, à Érasme, à Spinoza, à Voltaire, à Condorcet (que nos intégristes, à nous, excommunièrent), grâce au sacrifice de Giordano Bruno ou de Michel Servet (que nos intégristes, à nous, martyrisèrent), nous avons su nous dégager de la dictature totalitaire du livre saint, ce tabernacle d'une vérité révélée qui est toujours pourvoyeur de crimes de masse. Alors que les pauvres musulmans, eux, n'ont pas eu et ne peuvent pas avoir cette chance. Nous avons basé notre combat émancipateur sur le refus horrifié du crime de *« blasphème »*, qui coûta la vie, par exemple, à un Chevalier de la Barre, accusé d'avoir maltraité un crucifix. Mais, quand il s'agit de musulmans, nous devons accepter ou tolérer que le blasphème vaille fatwa de mise à mort, ce qui signifie *« qu'ils ne nous valent pas »*. Racisme, toujours !

Racisme, enfin, quand l'intégrisme islamique est justifié par l'oppression, la misère ou l'anti-impérialisme. Car, s'agissant des peuples occidentaux non musulmans, chrétiens orthodoxes par exemple, l'idée ne viendrait à personne de relativiser le fascisme ou le nazisme en fonction du degré de misère ou d'exploitation. Qui oserait affirmer que le chômage des années 30 justifie Hitler ?

Mais voilà : ce que cette indulgence sous-tend, c'est qu'il est normal que, *« chez nous »*, le combat social et libérateur se soit investi dans le progressisme républicain et, chez eux, dans le fanatisme religieux !! Ici Garibaldi ; là *Ben Laden*.

Résultat : les mêmes qui exigèrent la mise en quarantaine de l'Autriche de Haider préconisent, en Algérie par exemple, une entente politique avec des extrémistes fascisants à côté desquels Haider est un enfant de chœur. Comme si *« ça »*, c'était bon pour eux, mais simplement pour eux ; comme si les concepts de laïcité ou de séparation de l'Église et de l'État n'étaient pas applicables à ces *« gens-là »*. Comme si ce qui, partout ailleurs, participe de la définition du totalitarisme, devait être considéré comme naturel à ces peuples-là !

Or, cette vision intrinsèquement raciste de l'autre est devenue commune à une certaine extrême droite, qui aime que les musulmans se conforment à leurs propres préjugés (il faut relire, à ce propos, le *« Ibn Seoud »* de Benoist Méchin), mais aussi à une certaine extrême gauche qui a fini par intérioriser l'idée que l'intégrisme est devenu la forme acceptable de l'anti-impérialisme des musulmans. D'où le ralliement de nombreux ex-gauchistes arabes et palestiniens à des courants islamistes ; d'où aussi la tendance d'une certaine école trotskisante, en France même, à voir d'authentiques *« résistants »* dans les tueurs du GIA algérien et à les exonérer de leurs crimes (soi-dit en passant, affirmer qu'en Algérie ce ne sont pas les islamistes qui tuent, ou que c'est la CIA qui a elle-même organisée les attentats, du 11 septembre, c'est à peu près la même chose).

Perception d'autant plus absurde – et même perverse – que les financiers de l'islamisme (princes saoudiens, Emirs du Golfe et *Ben Laden* lui-même) ne sont pas précisément des damnés de la terre ; et que leurs textes *« théoriques »* (si l'on ose dire) font référence, non point à l'exploitation ou à l'oppression sociale, mais simplement à la nécessité d'imposer partout des régimes théocratiques.

Cette propension à rejeter les musulmans dans un obscurantisme décrété respectable dans leur cas, est non seulement odieuse tant elle induit une absence de considération, mais, en outre, elle découle d'un profond contresens.

Les musulmans seraient inaptes au rationalisme ? Mais ce sont eux qui nous l'ont réinculqué. C'est l'école Mu' Tazilite qui, dès le IXe siècle, alors que pesait sur l'Occident un fondamentalisme religieux de plomb (on y confectionnait des cartes de géographie où figurait le paradis terrestre), a redécouvert Aristote et posé le fondement d'une véritable pensée critique. C'est Averroès, au XIIe siècle, après qu'au Xe siècle Avicenne lui eut ouvert la voie, qui formula contre *Ghazali* le premier constat de l'opposition entre vérité rationnelle et vérité révélée. C'est *Ibn Khaldoun*, au XIVe siècle, qui donna ses brevets de scientificité à l'Histoire et à la sociologie. Et beaucoup d'autres, avec eux, soit, parvinrent à peser sur les idées de leur temps, soit (comme Jean Huss en Occident), furent martyrisés pour leurs idées. C'est grâce à l'apport de cet islam rationnel et pré-moderne que la chrétienté, à son tour, redécouvrit la pensée grecque. L'islam intolérant ? Mais les chrétiens furent beaucoup mieux acceptés au Liban arabe, que les Musulmans en pays chrétien. On fut plus tolérant dans la Grenade musulmane que dans l'Espagne des rois catholiques. Et c'est Saladin, le Sultan d'Égypte, qui proposa à l'empereur Frédéric II de négocier sans passion le sort de Jérusalem.

C'est dans la Turquie profondément musulmane que l'idéal laïc fut, au début du siècle, défendu avec le plus d'ardeur militante. Surtout, ce sont en terre d'islam, en particulier en Algérie, que des musulmans, des dizaines de milliers de musulmans, ont payé de leur vie leur résistance laïque et républicaine, au totalitarisme intégriste.

Oui, il y a des millions et des millions de musulmans qui luttent contre l'islamisme au nom des mêmes valeurs que nous, parce que ce sont des valeurs universelles, qu'elles ne sont pas nôtres, qu'elles leur appartiennent à eux aussi. Mais, ceux-là, nous les avons abandonnés, trahis, parfois assassinés.

Un exemple : l'Iran. Il existait dans ce pays, après-guerre, deux courants importants, l'un progressiste représenté par le parti Toudeh, l'autre nationaliste démocrate incarné par le docteur Mossadegh. Or, la réputation marxiste des premiers inquiétait l'Occident, tandis que l'Amérique et la Grande-Bretagne ne pardonnaient pas au second d'avoir voulu restituer à la nation persane ses ressources pétrolières. La CIA organisa donc, en cheville avec les éléments les plus réactionnaires de l'Armée, un putsch qui permit de restaurer la dictature autocratique du Shah. Après quoi, ce dernier, avec notre aval, eut les mains libres pour exterminer les progressistes, écraser les nationalistes démocrates, et mener une politique soi-disant *« moderniste »* qui enrichît les plus riches, paupérisa les plus pauvres, au point que le centre de Téhéran finit par ressembler à une sorte de Beverley Hills entouré d'un océan de bidonvilles effroyables.

Qu'en résulta-t-il ? Que la seule opposition qui pût s'exprimer fut celle qui trouva refuge dans les mosquées. Les progressistes et les démocrates bourgeois étant éliminés, elle fut tout naturellement encadrée par les mollahs. L'Occident n'y vit que du feu, fasciné qu'il était par la folie mégalomaniaque de celui qui se prétendait descendant de Cyrus Le Grand. On connaît la suite et comment l'ultra gauche – les *« moudjahidin du peuple »* – servit de marchepied aux islamistes avant, bien sûr, que ceux-ci ne l'élimine.

À l'époque, la politique américaine pouvait se résumer à cet axiome : tout ennemi de mon ennemi (l'Union Soviétique et le communisme) est mon ami, fut-il aussi, ou encore plus, totalitaire que lui. C'est au nom de ce même théorème, déjà, que certains libéraux dans les années 30 préconisaient une alliance tactique avec l'Allemagne nazie.

Ainsi, en Indonésie, quand, en 1965, à la suite d'une provocation d'extrême gauche, les islamistes, appuyés par l'armée du général Suharto, entreprirent d'exterminer les communistes, les progressistes, les nationalistes démocrates fidèles à Soekarno, les Chinois et quelques chrétiens (500 000 morts), on se contenta de fermer pudiquement les yeux. Ça allait, paraît-il, dans le bon sens ! Ensuite, les États-Unis ne ménagèrent pas leur appui au criminel en chef Suharto.

Aujourd'hui, en Indonésie, des commandos intégristes font la tournée des grands hôtels pour y chasser le touriste américain.

On sait que la même stratégie amena la CIA, pour faire pièce à l'Union Soviétique, à entraîner et à armer les troupes les plus fanatisées de l'islamisme afghan, et même à recruter *Ben Laden*. Il faut dire aujourd'hui que la guerre que l'on fit contre le régime communiste afghan fut également dirigée, hélas, contre tous les acquis du républicanisme afghan. Ce que l'on oublie, c'est que ce soutien sans discernement à la fraction la plus totalitaire de l'opposition afghane fut, en France même, tout à fait justifié au nom du combat anticommuniste. Et lorsque Bernard Kouchner, de retour d'Afghanistan, lança, dans *L'Événement du Jeudi*, un cri d'alarme pour expliquer qu'on était en train de favoriser des courants encore pires que le communisme, plusieurs spécialistes de l'Islam s'insurgèrent aussitôt contre de tels propos. Y compris l'universitaire Olivier Roy qui, depuis, il est vrai, a reconnu son erreur.

Entre 1956 et 1967 cependant, l'islamisme connut une période de net recul. Pourquoi ? Parce qu'un autre phénomène de masse, le nassérisme (courant national - progressiste arabe) lui faisait largement contrepoids. C'était une chance à saisir. Au lieu de quoi, parce que Nasser nationalisa la Compagnie du Canal de Suez (ce qui était la moindre des choses) et soutenait (ce qui était également normal) les rebelles nationalistes du Maghreb (et non parce que son régime n'était pas précisément démocratique), on le diabolisa - on lui fit même la guerre - jusqu'à le jeter dans les bras de l'Union soviétique. Et on lui opposa les pays arabes dits *« modérés »* ; l'Arabie saoudite en tête, c'est-à-dire en réalité des théocraties féodales qui, elles, finançaient et appuyaient les courants islamistes partout dans le monde. Ce sont d'ailleurs les fractions monarcho-intégristes, soutenues par l'Arabie saoudite, que l'on soutint lors de la guerre civile au Yémen contre les forces républicaines socialisantes appuyées par l'Égypte (notons que pendant la guerre d'Algérie également, la France tenta d'opposer au FLN les éléments les plus islamistes issus du MNA ou des Oulémas).

De même, en Irak, où un nassérien de gauche, Kassem, était parvenu au pouvoir en renversant la monarchie, les services secrets occidentaux appuyèrent-ils un nouveau coup d'État militaire qui, après le massacre obligé des éléments progressistes et laïcs, prépara le terrain à l'arrivée en force du parti *Baas* de Saddam Hussein.

On pourrait multiplier les exemples qui montrent que (dans la foulée de ce que fut la politique britannique d'avant-guerre, telle que Lawrence d'Arabie l'avait rêvée et anticipée), l'Occident ne cessa de parier sur l'intégrisme islamique considéré comme devant constituer le plus solide barrage aux forces de la « subversion ». Ce fut encore la stratégie d'Ariel Sharon, alors ministre de la Défense d'Israël, quand il favorisa le mouvement islamiste *Hamas* pour affaiblir l'OLP, tandis que l'intervention israélienne au Liban faisait basculer les populations *chiites*, réputées modérées, dans le camp de la radicalité. Ce qui permit l'émergence du Hezbollah !

L'ennemi de mon ami est un ami : c'est encore en vertu de ce principe que, l'ennemi étant le Serbe, on laissa l'organisation *Ben Laden* mettre sur pied une brigade internationale islamiste en Bosnie ; qu'on minimisa l'importance de l'infiltration des éléments wahhabites extrémistes en Tchétchénie (ce qui ne justifie nullement la férocité de la réaction russe) ; que Londres devint l'une des principales plaques tournantes de l'Internationale intégriste.

On n'a sans doute pas fini de payer les effroyables conséquences d'un tel aveuglement.

Ce sont nos propres erreurs d'analyse, nos propres délires stratégiques, nos propres hypocrisies et complaisances (en dehors même des effroyables dégâts provoqués par la mondialisation néo-libérale) qui ont permis aux intégristes de remporter la première manche de la guerre.

Il dépendra de notre lucidité, de notre cohérence, de notre capacité surtout à rester ferme et intransigeant sur les principes qui fondent nos valeurs républicaines (la laïcité en particulier), que la guerre elle-même ne soit pas perdue !

J.-F. K.

Avertissement

Cet ouvrage traite de l'islamisme et du risque terroriste en France. Le sujet est sensible, complexe, voire tabou. Mon propos ne vise évidemment pas à créer un quelconque amalgame entre l'islam et l'islamisme bien que le fléau découle d'une lecture erronée et instrumentalisée de la religion musulmane. Ce que j'appelle ici islamisme, c'est cette instrumentalisation politique de l'islam ; c'est cet intégrisme obscurantiste qui continue de nuire, en premier lieu, à la religion musulmane et aux musulmans ; c'est cette abomination de la désolation à travers laquelle des illuminés tentent de s'approprier la religion, le pouvoir absolu et un droit de vie et de mort sur l'humanité entière.

Je ne souhaite pas que cet ouvrage, à partir duquel je compte lancer un véritable débat autour de la présence de l'idéologie islamiste en France, soit perçu comme une attaque contre une communauté musulmane à laquelle, d'ailleurs, j'appartiens.

Je suis musulman, et c'est peut-être la raison qui m'a toujours poussé à combattre ce mal qu'est l'islamisme. Ce combat, je l'ai mené en Algérie, je le poursuis en France, d'autant plus que je constate que l'intégrisme musulman s'est répandu, d'une manière dangereuse, dans les banlieues, les quartiers populaires et d'une façon générale au sein d'une communauté musulmane qui reste à la recherche de ses repères. Je mène ce combat car je connais la nature de l'intégrisme musulman et je ne me fais aucune illusion sur les objectifs recherchés par les tenants de cette idéologie.

L'islamisme et son pendant le terrorisme sont, de toute évidence, de véritables dangers auxquels les musulmans, d'abord, et la communauté internationale, ensuite, doivent faire face avec beaucoup de lucidité. La communauté musulmane doit admettre que, si l'islam est totalement compatible avec les valeurs de la République, celle-ci ne peut permettre à l'islamisme – ou à n'importe quelle forme d'extrémisme – de trouver une place dans notre société. Il n'y a aucune compatibilité entre l'intégrisme musulman et les valeurs républicaines.

Mon but n'est pas d'appeler à l'ouverture d'une chasse aux sorcières, loin s'en faut. Il ne consiste pas non plus à donner des arguments à l'extrême droite, aux xénophobes et aux racistes qui, de toute manière, nourrissent eux-mêmes les extrémismes religieux, en général, et l'islamisme en particulier. Ne tiennent-ils pas les mêmes discours à l'égard des juifs et des communistes ? Ne sont-ils pas très prompts à verser dans la violence, la haine et la négation de l'autre ? Il ne faut surtout pas se laisser berner par les chimères et croire qu'il existe un écart entre les uns et les autres.

Mon objectif est d'interpeller les Français et tous ceux qui vivent sur le sol français, quelles que soient leurs croyances, afin qu'ils demeurent vigilants. Si une écrasante majorité a fait face, comme il se devait, au péril immédiat de l'extrême droite, nous devons tous contrecarrer également les velléités d'instrumentalisation de la religion musulmane et combattre la propagation de l'islamisme. Je veux également interpeller les responsables politiques en les invitant à mettre fin au laxisme ambiant et à lever les tabous qui entourent cette question.

Mon but n'est pas, non plus, de cibler les musulmans qui devraient consentir à faire leur autocritique. La religion musulmane a été, certes, ternie par des apprentis sorciers et autres marionnettistes, mais il faut garder à l'esprit que les musulmans ne sont pas – heureusement – dans leur majorité des islamistes, bien que les islamistes se revendiquent – malheureusement – tous de l'islam.

Avant-propos

Terrorisme islamiste ? Deux grands mots mais aussi deux grands maux. Un phénomène inconnu dans les sociétés occidentales jusqu'à un passé récent. Terrorisme islamiste ? Ce sont les attentats du 11 septembre 2001 ; ce sont les massacres commis en Algérie ; ce sont les fusillades qui ont fauché des touristes en Égypte ; ce sont les bombes qui ont explosé dans les métros parisiens ; ce sont les mutilations et la barbarie pratiquées en Afghanistan ; et ce sont les lapidations de femmes au Nigeria. Terrorisme islamiste ? Ce sont ces foules exaltées au Pakistan qui crient leur haine à l'égard de l'Occident ; ce sont ces *« barbus »* qui nous menacent, qui menacent nos enfants et qui cherchent à nous terroriser ; et ce sont ces soldats invisibles, ces *« fous d'Allah »* qui, parfois, à partir de nos villes et de nos banlieues, nous promettent l'apocalypse.

Cela fait plus de dix années que je travaille sur le sujet. J'ai fait connaissance avec le phénomène, en Algérie, durant la fin des années quatre-vingt. Je le connaîtrai davantage plus tard quand, devenu journaliste, j'ai voulu à tout prix explorer ce monde dans ses moindres recoins. Si cet ouvrage traite, particulièrement, de l'islamisme en France et du risque terroriste qui vise ce pays, il est le résultat de plusieurs années de travail et d'enquêtes réalisées en Algérie, en Tunisie, au Pakistan, en Afghanistan, en Europe (particulièrement en Grande-Bretagne), mais aussi dans des pays du Golfe. Il est également le fruit de plusieurs mois d'enquête dans des banlieues et des mosquées françaises. Il est enfin le résultat de plusieurs rencontres et interviews ; j'ai eu l'occasion de discuter avec des intégristes musulmans, des terroristes, des terroristes repentis, des policiers, des spécialistes de la lutte antiterroriste, des juristes, des psychologues, mais aussi avec de simples citoyens, premières victimes du terrorisme islamiste.

Pour parler du risque terroriste en France, il me fallait également revisiter l'Histoire, celle de l'immigration, celle des banlieues, celle aussi de l'islamisme. Il me fallait revenir sur les attentats qui ont ensanglanté la France durant les années quatre-vingt-dix. Naturellement, le danger terroriste n'est pas spécifique à la France ou à un quelconque autre pays. Qu'ils soient européens ou arabes, riches ou pauvres, religieux ou laïques, tous les pays, tous les peuples sont aujourd'hui sous la menace terroriste. Les intégristes musulmans s'inscrivent dans une logique internationale. Partant de ce postulat, on ne peut parler du risque islamo-terroriste en France sans évoquer le contexte général dans lequel évolue ce phénomène qui découle d'un fantasme politico-religieux, né il y a de cela plusieurs siècles, et qui est arrivé à maturité au début du XXe siècle pour devenir, aujourd'hui, l'un des plus grands dangers du troisième millénaire.

Je ne crois donc pas qu'il soit possible de comprendre le danger terroriste en prenant uniquement un segment de l'Histoire. Les événements du 11 septembre 2001, qui ont focalisé tous les regards, n'étaient en fait qu'une petite illustration, un échantillon du danger islamo-terroriste, un prototype de ce qui nous attend si nous n'éradiquons pas le phénomène. Au risque de paraître prétentieux, je peux affirmer que j'appartiens à un courant de pensée qui était convaincu, depuis une dizaine d'années, que l'Occident, et en particulier les États-Unis, allait subir des actions terroristes. Bien que ceux qui mettaient en garde les pays occidentaux contre le danger islamiste eussent toujours été considérés comme des alarmistes cherchant un quelconque sensationnalisme ou comme des aliénés mentaux qui ne savaient pas ce qu'ils disaient, je n'ai jamais cessé – et je ne cesserai jamais – de dénoncer cette monstrueuse idéologie, quitte à me faire vilipender par certains courants bien-pensants qui refusent de regarder la réalité en face.

Introduction

11 septembre 2001. Le choc. La France, à l'instar des pays du monde entier, découvrait l'horreur en direct sur les écrans de télévision. Il aura fallu que le terrorisme islamiste frappe au cœur des États-Unis d'Amérique, des milliers de morts, une véritable tragédie pour qu'enfin la communauté internationale accepte de découvrir, ébahie, le véritable visage de ce fascisme intégriste qu'est l'islamisme. Pourtant, ce n'était pas la première fois que des innocents étaient fauchés par la folie meurtrière des *« fous de Dieu »*. Certains pays musulmans notamment subissaient depuis plusieurs décennies, et à des degrés divers, ce type de terrorisme. L'Égypte, l'Algérie, le Nigeria, les Philippines, l'Inde, le Yémen et le Soudan, pour ne citer que ces États, faisaient face à une violence aveugle, perpétrée par des extrémistes religieux, voulant instaurer, à n'importe quel prix, la *« charia »*, la loi coranique. Pour eux est considéré *« impie »* toute personne, tout État qui ne suit pas les principes de cette *charia*. Ils se basent notamment sur un verset coranique dans lequel il est écrit : *« Les incrédules sont ceux qui ne jugent pas les hommes d'après ce que Dieu a révélé »* (sourate V, verset 44).

Devant les massacres, les tueries collectives, les attentats à la bombe et autres kidnappings, devenus légion dans certains pays musulmans, le monde occidental croyait être à l'abri et ne voulait pas se sentir visé par cette nouvelle menace. L'Occident ne se sentait réellement concerné par le terrorisme que lorsque ses ressortissants ou ses intérêts étaient directement touchés. Les condamnations sporadiques et conjoncturelles succédaient alors aux slogans creux. La *« mobilisation »* durait un temps avant que la question du terrorisme ne soit, de nouveau, jetée aux oubliettes. Les périodes d'accalmie et cette sérénité qui précède les tempêtes ont toujours trompé les plus vigilants. Et, visiblement, cela continue...

New York, tout comme Paris, avait eu déjà rendez-vous avec le terrorisme islamiste durant les années quatre-vingt-dix. Malheureusement, l'attentat qui avait visé le *World Trade Center* en 1993, le détournement d'un Airbus d'Air France par un commando d'islamistes algériens en 1994, les attentats ayant ensanglanté Paris durant l'année 1995 n'ont pas été des alertes suffisantes pour attirer l'attention des hommes politiques, des intellectuels et des services de renseignements occidentaux sur la nécessité de combattre sans relâche l'islamisme, cette idéologie qui nourrit le terrorisme et qui appelle perpétuellement au *djihad* (la guerre sainte). Quelques arrestations – pour calmer l'opinion –, quelques mesures de sécurité – histoire de rassurer tout le monde –, des procès d'une tripotée d'islamistes *« présumés »* – afin de faire croire que le sujet était pris au sérieux – et, en l'espace de quelques mois, le dossier était déjà soigneusement rangé, sous naphtaline, dans les archives de l'Histoire. C'est là un premier constat. Les services de sécurité n'attaquent généralement le terrorisme que lorsque celui-ci a déjà commis l'irréparable. Pire, le traitement réservé à ce problème paraît à plus d'un titre superficiel, dérisoire puisque l'on s'attaque rarement aux racines du mal. On préconise l'action sécuritaire et spectaculaire, et on dédaigne le traitement de fond. Aucune politique capable d'extirper le mal n'est appliquée. On préfère le cachet d'aspirine à la thérapie, voire à l'éradication.

Tout montre que le problème du terrorisme a été très mal géré par les capitales occidentales et, à ce sujet, la France n'a pas fait exception. Les Occidentaux ont longtemps pensé que le terrorisme islamiste était un problème spécifique aux États arabo-musulmans. Experts et observateurs ont cru que c'était là l'expression d'une contestation populaire qui traversait quelques pays seulement, et où les populations aspiraient à plus de justice sociale, à davantage de démocratie. On ne voulait pas croire que le fléau pouvait se propager à travers la planète et toucher toutes les nations. Cette manière de voir les choses était peut-être vraie au début, c'est-à-dire au moment de la naissance du fondamentalisme religieux, avant l'émergence de ces nouveaux concepts à la mode appelés « mondialisation » et « globalisation », et avant l'ouverture de toutes les frontières. Mais cela ne pouvait plus être vrai dès lors qu'on avait décidé de considérer la planète comme un *« grand village »*. Désormais, il faut s'en convaincre : la libre circulation des biens et des personnes va nécessairement entraîner une libre circulation des fléaux et des épidémies, celle des terroristes et des gangsters, celle des armes et des complots. Les événements du 11 septembre sont, à ce titre, le meilleur exemple : les attentats auraient été planifiés au Pakistan, au Royaume-Uni, en Allemagne, en Espagne et en Afghanistan, et exécutés par des terroristes originaires, dit-on, de quatre pays différents (Arabie saoudite, Émirats arabes unies, Liban et Égypte). Ces derniers ont séjourné dans plusieurs villes européennes avant de se retrouver aux États-Unis où ils sont restés complètement invisibles durant toute la période qui a servi à la préparation du plan macabre. Les détenus de Guantanamo, des membres du réseau *Al-Qaïda*, sont, eux, originaires de vingt-cinq pays. Qui dit mieux ?

L'autre illustration est donnée par l'itinéraire de Richard Colvin Reid, ce kamikaze qui a failli, en décembre 2001, se faire exploser sur le vol 63 Paris-Miami d'American Airlines : il est britannique, il a suivi des entraînements au Pakistan et en Afghanistan, il a transité par les Pays-Bas et la Belgique pour récupérer de l'argent et des baskets bourrées d'explosifs, il s'est ensuite dirigé vers Paris où il a rencontré des islamistes maghrébins et pakistanais, et d'où il a envoyé des messages électroniques au Pakistan à de probables complices avant d'embarquer pour Miami. C'est dire qu'aujourd'hui, incontestablement, tous les pays du monde sont concernés par la question du terrorisme islamiste car, de toute manière, les terroristes utilisaient déjà, avant septembre 2001, les pays supposés les moins ciblés comme bases arrière. La France a été durant plusieurs années

– tout comme la Grande-Bretagne, l'Allemagne ou la Belgique, et même les États-Unis –, une base arrière et de repli des terroristes qui ensanglantaient alors des pays musulmans. En vérité, c'est le 11 septembre 2001 que les islamistes mettaient officiellement à exécution leur menace de guerre, non pas contre les Américains uniquement, mais contre l'Occident. Cette guerre déclarée par cet ennemi quasi invisible, le cloisonnement, la mobilité et le caractère secret de ses terroristes sont autant d'éléments qui révèlent forcément que la lutte contre le terrorisme n'est plus l'affaire des pays musulmans exclusivement. Cette guerre (il faut appeler les choses par leur nom) est aussi – et peut-être surtout – le problème des pays qui n'ont pas encore réellement subi la barbarie intégriste. Par conséquent, il y a, actuellement, deux approches possibles : traquer le terrorisme et ses composantes en amont, ou attendre qu'il frappe et qu'il provoque une autre tragédie pour réagir.

Il faut préciser qu'avant que l'idéologie intégriste ne trouve place à l'intérieur de ses murs, l'Occident était épargné par le fléau. Or, l'islamisme s'est, depuis quelques années, installé en France mais aussi dans pratiquement tous les pays européens, ainsi qu'aux États-Unis. Cette *« installation »*, ou plus précisément cette intrusion, a eu lieu *« légalement »*, parfois même avec la bénédiction de certains responsables politiques. Elle a eu lieu grâce au *« droit d'asile »* et en raison de la naïveté ou de l'hypocrisie de la plupart des hommes qui gouvernent les pays occidentaux.

Au cours des vingt dernières années, l'idéologie islamiste s'est propagée dans les couches de l'immigration comme se propage une maladie endémique et contagieuse, sans que la société française ait eu le temps de s'en apercevoir. Les signes qui pouvaient servir d'indices et permettre une rapide prise de conscience ont été minimisés, voire ignorés. Le port du voile (ou encore l'accoutrement masculin des islamistes) n'est pas seulement un signe de pratique religieuse mais surtout un signe d'appartenance à une idéologie extrémiste. Cette vérité n'a pas alerté les responsables sur la nécessité de trouver rapidement des solutions afin de contenir le danger qui s'annonçait. Ces signes ostentatoires révèlent clairement l'influence du prosélytisme islamiste au sein de la communauté musulmane. Les banlieues françaises sont d'ailleurs largement dominées aujourd'hui par le discours intégriste et par les tenues islamistes.

Pendant plusieurs années, les capitales occidentales ont, au nom des Droits de l'homme, abrité les terroristes, les considérant comme des *« opprimés »*. Certains sont allés jusqu'à leur accorder un statut de *« révolutionnaires »* ou de *« résistants »*, se battant contre la tyrannie de *« régimes totalitaires »*. Au début des années quatre-vingt-dix, les États-Unis, par exemple, ne furent pas gênés d'accueillir *Anouar Haddam*, un fondamentaliste algérien qui n'hésitait pas à revendiquer ou à justifier les attentats terroristes perpétrés par ses pairs en Algérie. À la suite de l'assassinat d'un intellectuel, tombé sous les balles d'un groupe terroriste, *Anouar Haddam* avait affirmé : *« Ce n'est pas un assassinat, c'est une sentence. »* Les Américains ne furent pas gênés, non plus, d'accorder l'asile au *cheikh Omar Abdel Rahman*, le chef spirituel des terroristes égyptiens, celui qui allait devenir le principal responsable du premier attentat dans le *World Trade Center* en 1993. La France, quant à elle, recevait sans broncher les militants du Front Islamique du Salut (FIS). Ce parti intégriste venait d'être interdit en Algérie, il avait été l'instigateur d'actions terroristes qui, en quelques années, allaient faire des dizaines de milliers de morts. Les hommes politiques ne montraient aucun signe d'inquiétude quand, dans les banlieues, une multitude de mosquées clandestines tenues par des fondamentalistes religieux véhiculaient un message de guerre et de haine. Au Royaume-Uni, personne n'était outré d'entendre des appels aux meurtres lancés aux abords des mosquées londoniennes, et nul ne se soulevait contre ces tracts qui circulaient au grand jour pour revendiquer des assassinats de femmes et d'enfants.

Au moment où le monde civilisé accueillait les représentants officiels de la barbarie, les islamistes assassinaient à Alger et à Louxor, prenaient le pouvoir à Kaboul et à Khartoum, et lapidaient des femmes à Lagos et à Riyad. Grâce au laxisme et au *« politiquement correct »*, la pieuvre intégriste a eu toute latitude pour installer tranquillement ses tentacules aux quatre coins de la planète. Pendant ce temps, l'Occident continuait de mondialiser le monde et de globaliser le globe, empochant au passage des milliards de dollars, se souciant très peu du reste. L'essentiel était de passer des contrats juteux de vente d'armes, de pénétrer des marchés fructueux et d'exploiter le pétrole. Les questions de sécurité liées au danger islamo-terroriste n'étaient pas prioritaires. Le monde occidental, les États-Unis en tête, a ainsi choisi de jouer avec le feu.

Les États-Unis avaient même décidé, dès la fin des années soixante-dix, d'instrumentaliser l'islamisme pour en faire un allié stratégique dans sa guerre souterraine contre l'Union soviétique. Au cours de la première guerre d'Afghanistan (1979-1989), ils avaient, à travers leurs services secrets, certains de leurs amis arabes et leurs alliés dans la région, entraîné, armé et financé des *« fous de Dieu »* dans le but de nuire à l'empire soviétique. Parmi ces illuminés pris en charge par la CIA, il y avait un certain *Oussama ben Laden.*

L'islamisme a été utilisé également dans la déstabilisation de certains régimes comme ce fut le cas avec *l'ayatollah Khomeiny* qui avait trouvé refuge en France, durant plusieurs mois, avant de devenir l'ennemi de l'Occident par excellence. Certains services secrets occidentaux et arabes ont pendant longtemps joué au docteur Frankenstein – les exemples sont nombreux –, créant des monstres qui n'allaient pas tarder à se retourner contre eux. Aussi les attentats de New York et Washington n'auront-ils été, en quelque sorte, que le résultat logique d'une politique à la fois dangereuse et inconsciente menée par certains pays depuis les années soixante-dix.

Quelques mois après l'onde de choc provoquée par l'image de ces avions s'écrasant contre les façades des *Twins Towers,* le monde donnait l'impression d'avoir, de nouveau, oublié. Comme pour mieux exorciser la peur de revivre un autre 11 septembre, on se refuse à voir le risque terroriste. En France, le *« politiquement correct »* continue de sévir. On rassure, on esquive la question et, quand on l'aborde, on ne le fait que superficiellement. On évite de s'attarder sur le sujet de peur de choquer les sensibilités. On craint les amalgames. On ne veut même pas se rappeler qu'une douzaine de jeunes Français faisaient partie des hommes d'*Oussama ben Laden.* On ne veut pas voir qu'il existe en France des zones de non-droit où, au nom d'une certaine vision de l'islam, des jeunes *beurs* embrigadés par des fanatiques rejettent en bloc les principes de laïcité et les lois de la République. Une majorité d'observateurs se complaît à croire que les quelques arrestations opérées dans les milieux intégristes et les quelques démantèlements de réseaux suffiront à éloigner le spectre terroriste.

L'islamisme est un sujet sensible qui ne fait pas encore aujourd'hui partie du débat au sein de la société française et de la classe politique. Tout le monde – ou presque – s'est aligné sur le discours américain. Et même les médias ont joué le jeu. On a fait croire à l'opinion que le terrorisme islamiste avait fait son nid en Afghanistan – et uniquement en Afghanistan – et que la guerre qui y est menée suffirait à l'éradiquer. On s'empêche volontairement de croire que la France (mais aussi les autres pays occidentaux) abrite des terroristes. Du coup, on s'interdit de penser que la France pourrait vivre, elle aussi, son 11 septembre. Alarmisme ? Je l'espère. Ne vaut-il pas mieux un *« alarmisme »* argumenté que de tourner le dos à une réalité et refuser de voir un danger qui guette la moindre occasion pour frapper. Les terroristes l'ont longtemps prouvé : ils frappent quand ils veulent, là où ils veulent. Certes, il leur arrive de rater leur coup, mais, pour eux, il ne s'agira toujours que d'un contretemps.

J'arrive ainsi à des questions qui me semblent essentielles et auxquelles je tenterai de répondre tout au long de cet ouvrage : les problèmes d'insécurité peuvent-ils être récupérés par l'islamisme ? Les banlieues risquent-elles de devenir des otages de l'islamisme ? La France est-elle malade de l'islamisme ? Sommes-nous à l'abri d'actions terroristes ? On ne peut pas dire que ces questions n'ont pas, au moins une fois, effleuré l'esprit de la plupart des Français. Il est évident que personne ne peut répondre à ces interrogations, au demeurant légitimes, d'une manière catégorique. Il n'est pas question ici de parler de *« risque zéro »* ou de *« risque cent »*. Il est question avant tout de la sécurité d'êtres humains qui attendent des réponses claires, précises, et cherchent à être rassurés d'une manière objective. Et ce ne seront certainement pas les statistiques ou les discours politiques, souvent démagogiques et calculés, qui pourront rasséréner la population.

Si personne ne peut donner la garantie que la France est à l'abri d'éventuelles attaques terroristes, nul n'est en mesure, non plus, d'affirmer que des attentats auront lieu dans l'Hexagone. C'est pour cela que je me suis proposé de reprendre ces questions différemment : l'idéologie islamiste – qui nourrit le terrorisme – est-elle présente en France ? Sans ambages, la réponse est : oui ! La violence est-elle devenue en France un mode d'expression ? Là aussi, la réponse est : oui ! Existe-t-il aujourd'hui un mal-vivre qui règne dans la société ? Et la réponse est encore : oui !

À travers cet ouvrage, dans lequel j'ai fusionné les résultats d'une longue enquête avec des analyses et des éléments d'information en ma possession, je tenterai de démontrer que les ingrédients qui favorisent le terrorisme islamiste sont bel et bien réunis en France. Ingrédients qui puisent leur essence dans les carences du système et continuent de se répandre en raison de l'impuissance de la classe politique face à l'islamisme.

La lutte contre le terrorisme est nécessairement une lutte contre l'intégrisme religieux et un combat, sans relâche, contre ce qui lui donne naissance. Pour cela, il convient de savoir faire la différence entre l'islam et l'islamisme et d'élaborer une stratégie claire qui permettrait de mettre les musulmans à l'abri de leurs propres dérives. L'islam, lui-même, devra être préservé de toute velléité d'instrumentalisation. Naturellement, il faudra faire preuve d'un grand courage décisionnel, car la lutte contre l'islamisme n'est pas uniquement militaro-policière : elle est surtout politique.

En 2001 et durant le premier semestre 2002, les responsables français préparaient les échéances électorales. Éludant brillamment la question de l'islamisme, ils ont préféré se confiner dans des discours politiciens et n'aborder que les problèmes de l'insécurité. Insécurité ! Le mot était lancé, en effet, à quelques encablures d'une élection présidentielle qui allait désigner, pour cinq ans, un nouveau chef d'État dans une conjoncture nationale et internationale somme toute particulière. En France, les instituts de sondage révélaient des chiffres alarmants au sujet de la montée de l'insécurité en 2001. Les électeurs étaient inquiets, il fallait rassurer, promettre. Cela dit, le thème de l'insécurité n'a, à aucun moment, englobé la question de la menace terroriste.

Au cours des débats, on retrouvait les sujets récurrents : chômage, économie, impôts, écologie et logement. La question de l'insécurité a occupé une place de choix mais pas un mot – ou presque – sur l'islamisme. *Idem* pour son pendant le terrorisme. Curieusement, aucun des prétendants à la magistrature suprême n'a jugé opportun d'englober dans son programme – d'une manière sérieuse et réfléchie – la question de l'islamisme en France, et notamment celle du risque terroriste. Les uns et les autres ont préféré se confiner dans un certain débat – supposé à la mode – et centré, essentiellement, autour de la délinquance juvénile et des problèmes d'insécurité dans les quartiers dits *« sensibles »*. Ceci au moment où le plan Vigipirate restait pourtant en vigueur, pour prévenir les risques terroristes visant l'Hexagone ou des intérêts américano-britanniques en France. Contradiction ! Le monde politique français a, comme à son accoutumée, préféré l'hypocrisie et la démagogie pour, certainement, ne pas froisser la communauté musulmane vivant en France et pour ne pas alarmer l'ensemble de la société.

Les hommes (et les femmes) politiques donnent l'impression d'être complètement pétrifiés face à ce sujet. En réalité, ils ne savent pas que penser, que dire, que faire. Du coup, l'essentiel du débat est conditionné par des calculs politiques étroits. Calculs qui ont poussé aussi bien les représentants de la gauche que ceux de la droite à faire comme si la question du terrorisme islamiste ne concernait pas la France. Ils ont fait comme si, là aussi, il y avait une *« exception française »* qui, *de facto*, mettait à l'abri l'Hexagone de toute action terroriste. Avec plus d'un million d'électeurs musulmans, on craignait la perte de quelques points dans les sondages. Cette épineuse question a donc été laissée aux candidats de l'extrême droite qui n'ont pas hésité à en faire leur cheval de bataille. Alarmistes, diabolisant, en des termes à peine voilés, les musulmans de France et l'immigration, induisant l'opinion publique en erreur, Bruno Mégret et Jean-Marie Le Pen ont trouvé un terrain libre et fertile pour évoquer, à leur manière, les dangers que représente l'islamisme. Bruno Mégret parle de *« l'incompatibilité de civilisation entre l'islam et l'Europe »* et Jean-Marie Le Pen voit, lui, l'islam comme *« un risque certain d'éclatement de la nation et de l'État »*. Les deux frères ennemis, en s'attaquant directement à la religion musulmane, donnent ainsi de la matière aux extrémistes de l'autre bord. Il faut rappeler d'ailleurs que les deux extrémismes (l'extrême droite et les islamistes) se nourrissent mutuellement à travers leurs actes et leurs discours.

Avant toute chose et pour lever tout amalgame, il faut préciser que l'islam et les musulmans (de France ou d'ailleurs) sont les premières victimes de l'islamisme. Ils l'ont été au lendemain des attentats du 11 septembre. En effet, plusieurs musulmans américains – qui n'avaient rien à voir avec le terrorisme et l'avaient fermement condamné – ont perdu leur emploi, d'autres ont été agressés, et on a même dénombré des assassinats et des tentatives d'assassinat visant des musulmans. Aujourd'hui, les musulmans américains ont de plus en plus de difficultés à (re)vivre sereinement. C'est justement pour éviter que ce genre de tragédie ne soit vécu dans l'Hexagone qu'il est plus que nécessaire de mettre en évidence, avec sérénité, les risques réels qui guettent la France à l'instar de l'ensemble de la planète. Il est évident que seul le pragmatisme peut faire avorter les tentatives visant à empoisonner la vie des Français, toutes confessions confondues. Car, à l'évidence, un scénario catastrophe ferait, quels que soient les cas de figure, l'affaire de tous les extrémistes.

Avec près de cinq millions de musulmans, la France devrait, sans nul doute, être le premier pays européen à se préoccuper de la question de l'islamisme. Il ne s'agit pas d'évoquer uniquement l'aspect sécuritaire de la lutte contre le terrorisme, encore moins d'appeler à l'ouverture d'une chasse aux musulmans. Il s'agit avant tout d'établir un diagnostic objectif et de voir la place qu'occupe l'idéologie islamiste au sein de la communauté musulmane. On ne dira jamais assez que le terrorisme auquel on fait face aujourd'hui se nourrit exclusivement d'une idéologie intégriste qui ouvre la voie à toutes les dérives. En clair, s'il n'y a pas d'actes terroristes, cela ne veut nullement dire que le problème est réglé pour autant. Nous verrons dans cet ouvrage de quelle manière agit l'islamisme pour infiltrer la société et la gangrener.

Il faut, par ailleurs, garder à l'esprit que le problème de l'intégration est l'une des sources de toutes les formes d'insécurité et du malaise identitaire vécu par une grande partie de la communauté musulmane. Il est aussi à l'origine du mal-vivre qui s'est emparé d'une partie de la jeunesse de confession musulmane. Les difficultés vécues par les habitants de la plupart des banlieues et les problèmes de l'exclusion de certaines couches sociales sont des éléments, parmi d'autres, qui favorisent l'émergence de quelques *desperados* en quête de vengeance contre la société. L'échec, la frustration et le désespoir peuvent provoquer des drames aux terribles conséquences. Les exemples sont nombreux et ne cessent de faire la une des journaux.

Aujourd'hui, les musulmans vivant sur le sol français représentent probablement l'une des catégories sociales les plus vulnérables. C'est certainement pour cela que cette communauté est appelée à faire preuve de vigilance. Elle est obligée avant tout – et c'est le moins qu'elle puisse faire – de se démarquer de la manière la plus claire et même limpide du terrorisme et de l'islamisme sans renier pour autant son identité, ses racines et ses propres valeurs. C'est là une condition indispensable pour renvoyer dos à dos toutes les formes d'extrémisme et d'intégrisme.

Si, au temps de la guerre froide, l'Occident avait mobilisé tous ses moyens pour venir à bout du totalitarisme soviétique ; ses hommes politiques, ses législateurs, ses magistrats et ses services de sécurité doivent nécessairement, quant à eux, prendre en considération aujourd'hui cette nouvelle donne qu'est la lutte contre le terrorisme islamiste. En d'autres termes, le problème est à prendre dans sa globalité, c'est-à-dire aussi bien dans ses dimensions socio-économiques et politiques que dans ses dimensions sécuritaires et juridiques.

Le monde occidental fait face à un nouvel ennemi qui, contrairement au précédent, ne contrôle pas un bloc de pays mais est infiltré au sein même des sociétés ; ne possède pas encore d'armes nucléaires mais plutôt des moyens militaires limités et des groupuscules autonomes et cloisonnés entraînés aux techniques du terrorisme ; ne craint pas la mort, bien au contraire va vers elle ; n'a pas de puissance économique apparente, bien qu'il soit en partie financé par les monarchies du Golfe, mais utilise celle du monde occidental ; ne défend pas une politique mais une idéologie basée sur une vision moyenâgeuse de l'islam. Bref, tout ce que représente ce nouvel ennemi est aux antipodes des dangers que constituait un affrontement avec le bloc de l'Est.

L'arsenal nucléaire, les satellites espions et l'armement *high-tech* n'ont pas permis aux États-Unis de prévoir ou de juguler l'attaque du 11 septembre. Les raisons en sont simples : les terroristes ont agi dans le plus grand secret, ils vivaient sur le sol américain et paraissaient totalement intégrés dans la société. Leur forfait aura eu, tout de même, le mérite de nous révéler de quelle manière les terroristes peuvent agir à l'avenir. Dans l'hypothèse d'un acte terroriste visant la France, on peut imaginer, sans se tromper, que les terroristes en question vivent déjà sur le sol français et qu'ils sont, peut-être, en train de préparer leur action dans un appartement situé dans une banlieue, voire au cœur même de Paris. Et s'ils ne sont pas en France, ils sont dans une capitale européenne. Là aussi, tous les moyens militaires et toute la technologie dont dispose la France risquent de s'avérer très insuffisants face à cette menace, car il ne s'agit pas uniquement de parer à des attaques terroristes mais de faire barrage à cette idéologie intégriste, source de tous les dangers.

Les *« taliban français »*, arrêtés en Afghanistan, les membres des différents réseaux démantelés jusque-là et ces *« Français partis accomplir le djihad »* en Tchétchénie, en Bosnie ou en Algérie, ne sont-ils pas issus, pour la plupart, des banlieues et des quartiers populaires ? Sans verser dans la maladresse qui créerait un amalgame entre banlieue et terrorisme, il faut reconnaître toutefois que l'islamisme possède dans les cités et autres quartiers populaires un terreau considérable où il ne cesse de recruter de nouveaux adeptes. Un recrutement d'autant plus facilité par l'état actuel des banlieues françaises et par le malaise qui règne dans la communauté musulmane.

Il est prouvé – nous le verrons tout au long de cet ouvrage – qu'il existe des liens profonds entre la délinquance, le banditisme et le terrorisme comme il existe des liens profonds entre le mal-vivre, les problèmes identitaires et l'islamisme. Dans cette enquête, je mettrai en évidence, sans complaisance aucune, sans alarmisme excessif et sans concession, les interconnexions qui existent parfois entre certaines banlieues et l'islamisme. On tentera de comprendre pourquoi ces banlieues intéressent tant les islamistes. Et on verra quel est le message véhiculé dans les mosquées françaises. Est-ce un message de paix et de tolérance ? Ou est-ce un message de guerre et de haine ?

La France, nous le verrons, est, bel et bien, malade de l'islamisme. Et la France – nous le verrons aussi – est réellement menacée par le terrorisme.

CHAPITRE PREMIER

Problèmes d'intégration et islamisme

Le Figaro affirmait dans son édition du lundi 28 janvier 2002 que des *« taliban français, pris en Afghanistan par les forces spéciales américaines, se trouvaient parmi les détenus de la base militaire américaine de Guantanamo, à Cuba »*. On saura plus tard que parmi les prisonniers il y avait, entre autres, *Mourad Benchellali* (20 ans), *Redouane Khalid* (34 ans), *Khaled Ben Mustapha* (29 ans), *Nizar Sassi* (22 ans) et *Brahim Yadel* (30 ans), tous des Français d'origine maghrébine habitant en région parisienne ou lyonnaise. Certains d'entre eux, notamment *Brahim Yadel* et *Redouane Khalid,* étaient pourtant fichés et mis sous surveillance policière. Ils avaient été arrêtés lors du grand coup de filet opéré par la police à la veille de la Coupe du monde de football, en 1998, par crainte d'attentats des Groupes Islamistes Armés, les GIA algériens, avant d'être relâchés. *Mourad Benchellali* est, lui, le fils d'un imam de la mosquée de Vénissieux, en banlieue lyonnaise. Il avait, selon certains témoignages, un comportement de fanatique, et son père se serait déjà engagé dans les *« questions humanitaires »* pour soutenir les Bosniaques pendant la guerre civile en ex-Yougoslavie.

Djamel Hervé Loiseau, un autre Français, habitant à Paris dans le quartier de Belleville, était retrouvé mort de froid dans les grottes de Tora Bora, en Afghanistan, quelques semaines après le début des bombardements américains sur les bastions taliban. Ces informations avaient naturellement choqué les Français, d'autant plus que tous ces jeunes sont nés dans l'Hexagone de parents issus de l'immigration, à l'exception de *Djamel* Hervé Loiseau qui est, lui, l'enfant d'un mariage mixte entre un immigré algérien et une Française. Tous ces terroristes français sont nés dans des banlieues ou dans des quartiers populaires, ils y ont grandi, ont fréquenté l'école laïque, ont évolué dans une société occidentale avant de verser dans l'intégrisme religieux et le terrorisme international. Il est évident que cette réalité amère a le mérite de révéler – au moins – deux choses très importantes : l'échec des politiques d'intégration et la présence en France d'une idéologie intégriste qui pousse vers le terrorisme.

Devant ce constat, j'ai pensé qu'il devenait nécessaire de traiter cette question en profondeur, sans quoi le présent travail serait forcément incomplet. Le phénomène de l'islamisme n'est pas uniquement lié aux problèmes politiques, culturels ou socio-économiques. Il y a également l'aspect historique qu'il faut impérativement prendre en considération. La France a eu une relation à la fois intime et tumultueuse avec le monde arabo-musulman. C'est peut-être ce qui la met aujourd'hui dans une certaine situation de vulnérabilité.

Retour sur l'immigration maghrébine

Pour comprendre la communauté musulmane de France, il faut nécessairement revenir à son histoire. Une histoire riche, parfois douloureuse, mais profondément mêlée à celle de la France. Cette histoire commence réellement à l'aube du XXe siècle. Elle connaîtra différentes périodes et sera, souvent, imprégnée de larmes et de sang.

La communauté musulmane est constituée d'immigrés originaires du continent africain et principalement d'Afrique du Nord, le Maghreb. Puissance coloniale, la France avait, dès le XIXe siècle, annexé à ses territoires plusieurs pays africains où les autochtones étaient de confession musulmane. Exerçant simultanément une domination politico-économique et une domination militaire, l'administration française de l'époque profitait ainsi des richesses tant humaines qu'économiques des pays colonisés, notamment ceux d'Afrique du

Nord, c'est-à-dire la Tunisie, l'Algérie et le Maroc. Quelques décennies après la colonisation de ces pays, plusieurs facteurs, socio-économiques en premier lieu, allaient créer un flux migratoire en direction de l'Hexagone. Non significatif, ce déplacement des populations s'est accentué au fil du temps.

Dès 1900, on pouvait déjà recenser près d'un millier de Nord-Africains – des Algériens surtout – qui travaillaient, pour la plupart, dans l'industrie marseillaise. À la veille de la Première Guerre mondiale, on comptait trente mille immigrés maghrébins en Métropole. À la fin de la Grande Guerre, ce chiffre passera à cent trente-cinq mille. En réalité, l'État français avait, durant ce premier conflit mondial, décidé de réquisitionner des Maghrébins pour remplacer des ouvriers français partis sur le front. D'autres furent enrôlés – souvent de force – dans l'Armée, aux côtés des poilus. Plusieurs milliers d'entre eux ne revinrent jamais.

Entre les deux guerres, le flux migratoire continuera de progresser. Les retours, quand ils étaient autorisés, n'étaient pas massifs. On estime alors à près de deux cent mille le nombre de Maghrébins travaillant en Métropole à cette période. Dès 1945, ce chiffre allait s'accroître d'une manière considérable. Et pour cause : la France, dévastée par la guerre, avait besoin de bras pour entamer sa reconstruction. Par milliers, des hommes, originaires du Maghreb, s'installaient à proximité des centres industriels. Ils formaient une main-d'œuvre bon marché qui n'avait pas peur du labeur. Pour faire face aux aléas de l'exil et à la solitude (les immigrés venaient seuls sans femmes ni enfants), ils se regroupaient le plus souvent entre eux et formaient ainsi progressivement une communauté dont la religion servirait de dénominateur commun. L'islam s'installa ainsi progressivement dans l'Hexagone. À l'époque, ces musulmans n'étaient pas tous pratiquants et ceux qui l'étaient prônaient un islam tolérant. De plus, ils pratiquaient leur religion dans une totale discrétion car, se sentant de passage et n'ayant nullement l'intention de rester en Métropole, ils ne cherchaient ni à construire des mosquées ni à énoncer la moindre revendication religieuse. Cette attitude – contrairement à celle qui prévaudra quelques années plus tard – dénote tout simplement un refus d'intégration : on ne cherche pas à s'intégrer quand on est simplement de passage. Seule la mosquée de Paris avait été construite entre 1922 et 1926, au lendemain de la Première Guerre mondiale, en signe de reconnaissance envers ces soldats musulmans morts pour la France. Elle a été, durant de longues années, le seul lieu de culte musulman dans l'Hexagone.

En 1956, la Société nationale de construction de logements pour les travailleurs (Sonacotra) est créée pour bâtir des logements, ou plus précisément des foyers, qui allaient permettre de regrouper les travailleurs maghrébins. Les années cinquante virent le début de l'ère de la décolonisation. Le Maroc et la Tunisie accédèrent, en 1956 à l'indépendance. L'Algérie, elle, entamait sa guerre de libération nationale en novembre 1954 et elle arracha son indépendance en juillet 1962, après une lutte sanglante qui continue de susciter beaucoup de passion entre les deux rives de la Méditerranée. S'il y a eu un *« divorce »* entre la France et les deux autres pays maghrébins (Maroc et Tunisie), il y a eu avec l'Algérie, une véritable déchirure dont les séquelles sont encore visibles quarante ans plus tard.

L'indépendance des pays maghrébins (et celle des pays africains) n'allait toutefois pas entraîner le retour de tous ceux qui s'étaient installés dans l'Hexagone depuis le début du siècle. Diverses considérations politiques et économiques ont favorisé, au contraire, l'accroissement du nombre d'immigrés. La durée de leur séjour en Métropole a permis à certains travailleurs maghrébins d'atteindre un confort et une aisance matérielle, somme toute relatifs, auxquels ils n'auraient pu prétendre dans leur propre pays. Il faut savoir que la plupart des immigrés avaient des origines rurales. Les terres, propriété des colons, ne pouvaient être exploitées par les autochtones et, au lendemain de l'indépendance, ils savaient qu'il leur était pratiquement impossible d'accéder à la propriété : la plupart des terres avaient d'ailleurs été nationalisées. De plus, les difficultés économiques auxquelles faisaient face les pays maghrébins, fraîchement indépendants, ont dissuadé la plupart des prétendants au retour. Les luttes pour le pouvoir – notamment en Algérie – inquiétaient les immigrés qui craignaient de revenir dans des pays en proie à des troubles. La communauté des *harkis*[1], qui avait quitté l'Algérie en 1962 et au cours des années qui suivirent l'indépendance, a également contribué à faire augmenter le nombre de musulmans vivant en France. Sans oublier le rôle joué par le patronat français qui encourageait le recrutement de la main-d'œuvre étrangère à bon marché, surtout dans le but de faire baisser la pression salariale de l'époque.

Toutes ces raisons ont permis de grossir les rangs d'une communauté musulmane de plus en plus nombreuse au fil des années. En 1962, on estime à cinq cent mille le nombre de personnes de confession musulmane vivant sur le sol français. Ce chiffre doublera dix ans plus tard et triplera au début des années quatre-vingt.

À la faveur d'une politique de regroupement familial entamée, en 1974, sur l'initiative de Jacques Chirac, les immigrés, qui jusque-là vivaient seuls, pouvaient désormais être rejoints par leur femme et leurs enfants. Certains de leurs enfants naîtront en France, des mariages y seront célébrés, et c'est ainsi qu'en toute logique la population immigrée allait se démultiplier et pénétrer de plain-pied dans la société française pour en devenir, au fur et à mesure, partie intégrante et indissociable, du moins en théorie. Aujourd'hui, la communauté musulmane est estimée à quelque cinq millions de personnes, soit près de 8 % de la population française. Trois millions deux cent mille sont d'origine maghrébine, cinq cent mille sont moyen-orientaux, cinq cent mille sont africains, deux cent mille sont d'origine asiatique ou autre, quatre cent mille sont demandeurs d'asile ou immigrés clandestins et, enfin, on estime à près de dix mille le nombre des convertis d'origine européenne. Naturellement, ces chiffres sont approximatifs, car il n'existe aucun moyen en France de connaître avec exactitude l'appartenance religieuse des citoyens, et ce en vertu des principes de laïcité.

Une partie de la communauté musulmane est désormais de nationalité française, soit près de deux millions de personnes. L'islam est devenu ainsi la deuxième religion de France après le catholicisme.

À la fin des années soixante-dix, l'État décide toutefois de restreindre l'immigration. Durant cette décennie, la mentalité des musulmans

1. Supplétifs de l'armée française durant la guerre d'Algérie

vivant sur le sol français allait connaître de profondes mutations : de moins en moins de familles envisageaient le retour définitif vers le pays d'origine et elles étaient de plus en plus nombreuses à vouloir s'installer définitivement dans l'Hexagone. Les demandes de naturalisation n'allaient pas tarder à augmenter considérablement. Des jeunes d'origine maghrébine ne connaissaient presque rien du pays de leurs parents. Pour eux, la France était leur seule patrie. Les familles musulmanes commençaient à exprimer des revendications religieuses. Les maires furent submergés de demandes de construction de mosquées et d'aménagement de salles de prière dans les quartiers. Cette revendication était motivée par le souci de l'éducation qui devait être prodiguée aux enfants car, si la plupart des familles faisaient confiance à l'école républicaine, elles ne voulaient pas que leurs enfants perdent toute notion de la religion musulmane. Ces revendications, quoi qu'on puisse en penser, étaient également motivées par un souci de réussir l'intégration.

À l'époque, la plupart des immigrés habitaient de modestes bâtisses à la périphérie des grandes agglomérations et à proximité des zones industrielles. Certains logeaient même dans des bidonvilles ou dans des hôtels délabrés. Leurs modestes revenus (c'était le cas de la majorité) ne leur permettaient pas, le plus souvent, d'accéder à un logement décent. Le gouvernement se mit à construire, dans une quasi-anarchie, des logements sociaux dans les banlieues. Ces constructions n'obéissaient visiblement à aucune étude préalable. Les logements qui furent progressivement octroyés à une population d'origine immigrée allaient permettre à la communauté musulmane d'occuper les mêmes lieux, les mêmes quartiers. Ces familles se sont retrouvées entre elles, presque à l'écart du reste de la société. Ainsi préfabriquée, cette frange de la population partageait désormais des conditions socio-économiques semblables : mêmes métiers pour les pères de famille (le bâtiment, l'industrie automobile ou le nettoyage), même type de logement, mêmes problèmes (éducation des enfants, intégration, argent), mêmes objectifs (réussite sociale), même religion (l'islam), mêmes us et coutumes. On a, en quelque sorte, créé – volontairement ou pas – une société dans la société. On a, sans le savoir, favorisé le communautarisme. Et, dans le même temps, on allait vers une ghettoïsation de la communauté musulmane. Résultat : le Paris *extra-muros* abrite les *« étrangers »* et le Paris *intra-muros* concentre principalement des Français dits de *« souche »*.

Plus tard, mû par des soucis de commodité ou devant les difficultés d'intégration, le gouvernement a décidé de donner naissance à des zones d'éducation prioritaire (ZEP), à des zones d'aménagement concerté (ZAC) ou à des zones à urbaniser en priorité (ZUP). Ces termes technocratiques désignaient en réalité les nouveaux ghettos. Dans ces *« zones »*, les enfants d'immigrés devaient la plupart du temps non pas accumuler le savoir et s'épanouir à l'école, à l'instar des autres enfants, mais recevoir une nouvelle éducation spécifique et adaptable à la société française. Ce sera l'une des erreurs les plus monstrueuses du système. Cette approche pousse aujourd'hui des pères de famille à penser que le gouvernement ne veut pas que la communauté réussisse. On entend souvent dire que le système veut simplement que ces enfants d'ouvriers deviennent ouvriers à leur tour. Nous ne sommes pas loin des thèses du sociologue Pierre Bourdieu qui a axé une partie de son travail sur la *« reproduction »* par l'école républicaine des inégalités sociales.

Dans les cités qui s'érigent, il n'est pas prévu d'aménagements socio-éducatifs, il y a peu de commerces et pratiquement pas de lieux de culte. Pour pratiquer leur religion, les immigrés ont, au début, improvisé des salles de prière aménagées dans des locaux inadaptés ou dans les caves des immeubles. Néanmoins, cela restait insuffisant. C'est alors qu'allait se poser également la question de la représentativité de la communauté musulmane. Les musulmans pratiquent une religion qui appelle à établir une relation directe avec Dieu, c'est-à-dire sans avoir à recourir à un clergé, il n'y avait donc aucune institution pouvant représenter la communauté musulmane dans son intégralité. En effet, les différents courants qui traversent cette communauté continuent de faire barrière à l'émergence d'une seule instance représentative. Les musulmans de France ont souvent été également victimes de leurs luttes intestines et de leur désorganisation.

Les autorités françaises, en ce qui les concerne, voulaient encourager la création d'une institution qui pourrait parler au nom de l'ensemble des musulmans, et ce, dans le but d'avoir, avant tout, un seul interlocuteur. Il aura fallu attendre le début des années quatre-vingt et les lois permettant aux étrangers de constituer des associations à but non lucratif pour assister à la naissance d'associations qui allaient, tant bien que mal, tenter de jouer un rôle représentatif. Cela allait s'avérer néfaste par la suite puisque plusieurs courants islamistes ont pu créer des associations et agir légalement et librement auprès de la communauté musulmane en prônant souvent un discours antirépublicain.

Pierre Joxe, l'ancien ministre de l'Intérieur, avait tenté en son temps de régler le problème en créant le Conseil de réflexion sur l'islam en France (CORIF), une instance dont la mission principale était de créer le climat idéal qui aurait permis aux différents courants musulmans de dépasser leurs divergences et de donner ainsi naissance à une véritable instance représentative. Cette initiative allait s'avérer finalement sans lendemain. Les différents courants qui traversent la religion musulmane – bien que la majorité des musulmans de France soient *sunnite*[1] – et les traditions qui diffèrent d'un pays musulman à un autre ont souvent été des facteurs de division. Cette représentativité allait finalement revenir non pas à une seule association mais à un certain nombre de formations qui se regroupèrent, selon leurs affinités et formèrent des unions.

La grande mosquée de Paris fut l'une de ces institutions représentatives. Son recteur n'a pu toutefois prétendre à une représentativité exclusive. Certains membres de la communauté estiment que ses liens avec le pouvoir algérien sont trop étroits et préfèrent être représentés par d'autres structures. Il est vrai que l'État algérien participe depuis son indépendance au financement de la mosquée de Paris, en prenant notamment en charge les rémunérations des imams algériens qui lui sont affiliés. Par ailleurs, les fondamentalistes ont tout fait pour ne pas être représentés par cette mosquée qui a toujours prôné un islam moderne et tolérant, nullement en contradiction avec les principes républicains. Bien qu'elle soit la plus grande institution

1. Ensemble des musulmans fidèles à la *Sunna*, la tradition du Prophète.

islamique en France, la mosquée de Paris risque fort bien de perdre toute influence sur la communauté musulmane. Il semble que même l'administration chargée de suivre ce dossier ne cesse de lâcher depuis quelques années cette instance, lui préférant les jeunes imams survoltés qui, eux, ont une véritable emprise sur les jeunes *beurs*, notamment dans les banlieues.

Les associations dominées par les Marocains et les Tunisiens et qui restent le plus souvent très proches des régimes de leur pays respectif ne voient pas, non plus, d'un bon œil le fait de se faire représenter par des Algériens. Oui ! la question de la représentativité est entourée également d'enjeux que se disputent les responsables des trois États maghrébins. Ce n'est pas un hasard s'il existe aujourd'hui des mosquées contrôlées par des Algériens ou des Tunisiens, alors que d'autres se trouvent sous le contrôle des Marocains ou des Turcs. Cette question de la représentativité a souvent poussé les musulmans à se réunir selon des critères nationaux.

Aujourd'hui, la communauté musulmane est représentée par plusieurs pôles distincts. Ils visent tous le leadership pour lequel ils s'affrontent régulièrement. Il y a la mosquée de Paris qui prône l'islam réel, celui de la tolérance et du respect de l'autre, mais il y a aussi des organisations comme l'Union des organisations islamiques de France (UOIF), très proche des islamistes, ou la Fédération nationale des musulmans de France (FNMF), dominée par des intégristes marocains notamment. L'administration considère, par ailleurs, que d'autres mouvements comme le *Tabligh*, les associations islamiques turques et africaines devraient aspirer, elles aussi, à la représentation.

La plupart de ces organisations (notamment le *Tabligh* et l'UOIF), tout en montrant un visage *« soft »,* prônent en réalité un islamisme déguisé sur lequel beaucoup de personnes se trompent puisqu'elles estiment qu'il s'agit d'un *« islamisme modéré »*. Comme si, sérieusement, on pouvait accorder à un extrémiste le statut de la modération ! Pour l'exemple, *Abdellah Djaballah*, un intégriste algérien considéré comme un *« modéré »*, même par certaines sphères du pouvoir (il est à la tête d'un parti politique représenté au Parlement), avait déclaré en décembre 1991 : *« Notre mouvement est comme une fusée à deux étages. Le premier étage de lancement est démocratique ; le second sera de mettre la société islamique sur orbite.* » En d'autres termes, la démocratie est utilisée comme moyen d'atteindre le pouvoir et sera déclarée « *illicite* » une fois la *charia*, la loi islamique, décrétée. Et c'est l'objectif de tous les mouvements intégristes dits « *modérés* ».

En vérité, les confédérations d'associations musulmanes sont, pour la majorité, proches des milieux intégristes et de la confrérie des Frères musulmans, cependant qu'elles sont affublées de la qualité de « *modération* ». L'UOIF est, par exemple, proche de *Rached Ghanouchi*, le leader de la mouvance islamiste tunisienne, considéré *persona non grata* en France et réfugié à Londres depuis plusieurs années. Ce dernier avait déclaré que son objectif, et celui de ses coreligionnaires, visait « *l'islamisation de l'Occident* ». Et l'islamisation de l'Occident passe naturellement par une réislamisation des musulmans qui y vivent. L'UOIF est également proche du *cheikh Youssouf Al-Qaradawi*, l'un des idéologues de l'Internationale islamiste. L'UOIF avait, est-il nécessaire de le rappeler, aidé en 1991 les intégristes du FIS à organiser meetings et rencontres dans différentes localités françaises pour sensibiliser les membres de la communauté musulmane à la « *cause* » des fanatiques algériens. Cette formation gère aujourd'hui quelque cent cinquante mosquées et rétribue plus d'une centaine d'imams. En réalité, cette organisation, largement financée par l'Arabie saoudite, veut montrer un visage angélique dans le but de rassurer les autorités et d'arriver à se faire accepter comme un regroupement d'associations dont les objectifs seraient totalement compatibles avec les fondements de la République et les principes de la laïcité. Duperie !

Les rivalités entre les différents pôles ne sont pas liées uniquement à des questions idéologiques. Des enjeux économiques tels le contrôle des réseaux de la viande *halal*, la prise en charge des pèlerinages vers La Mecque, le contrôle des mosquées et des marchés hebdomadaires, etc., sont autant de sujets qui minent également les relations entre les associations aspirant à la représentativité.

Les organisations intégristes ont toujours su utiliser la ruse et les subterfuges. En France, elles font tout pour rester dans la légalité tout en véhiculant un discours communautarisme et antilaïque. Par exemple, l'UOIF et la FNMF ne cessent de militer, entre autres, pour le port du voile à l'école. Ce ne sont certainement pas ces deux organisations, qui renferment en leur sein plus d'une centaine d'associations toutes farouches partisanes du communautarisme, qui vont nous faire croire qu'elles ont subitement rompu avec la doctrine des Frères musulmans. *Tariq Ramadan*, proche également des organisations que j'ai déjà citées et qui n'est autre que le petit-fils de *Hassan Al-Bennâ*, le fondateur des Frères musulmans, est arrivé à se faire passer en France pour un islamiste fréquentable. Une autre duperie ! Même chose pour *Farid Iquioussen*, un *beur* d'origine algérienne dont le discours est très apprécié par les jeunes des banlieues.

Tariq Ramadan et *Farid Iquioussen* sont, avant tout, deux prédicateurs. Ils sont à la mode car ils ont su parler aux jeunes, notamment en utilisant leur propre langage. Considérés comme des *« modérés »*, ils ne cessent toutefois de diffuser un message contraire aux principes républicains. *« Si vous ne respectez pas les lois de la République, respectez les lois divines. » « S'il n'y a pas de flics pour vous surveiller, sachez que Dieu vous surveille. »* Telles sont en substance les phrases usitées souvent par ces deux *« cheikhs »* des banlieues. En apparence, il n'y a rien de dangereux dans ce genre de message. En réalité, les deux prédicateurs demandent aux membres de la communauté de se plier davantage aux lois coraniques qu'aux lois de la République. N'ont-ils pas ainsi insinué, s'adressant par exemple aux filles : *« Mettez le voile à l'école, même si la loi l'interdit »* ? *Tariq Ramadan* influe depuis quelques années, à travers ses prêches, sur les jeunes *beurs* des banlieues lyonnaise et grenobloise notamment.

Ceux qui, dans certains milieux intellectuels et universitaires, estiment que *Tariq Ramadan* est un *« modéré »*, ignorent peut-être que son frère *Hani Ramadan* a apporté officiellement en 1995 son soutien aux actions du GIA algérien. D'ailleurs, les frères *Ramadan* sont en relation permanente avec les membres du FIS réfugiés en Suisse, dont *Abbas Aroua*, un proche de l'islamo-terroriste *Anouar Haddam*, réfugié aux États-Unis. Dans son livre intitulé *Les Dollars de la terreur* (Grasset), le journaliste Richard Labévière rend public le contenu d'une note du ministère français de l'Intérieur dans laquelle on peut lire : *« M. [Hani]*

Ramadan n'est pas seulement un citoyen helvétique enseignant le français dans un établissement public de ce pays. Comme il l'indique lui-même, l'intéressé est directeur du Centre islamique de Genève. Cet organisme est connu des services spécialisés de police pour être un lieu de rencontre des principaux islamistes européens et le point de convergence des circuits de financement. M. Ramadan est le petit-fils du fondateur de la confrérie des Frères musulmans en Égypte. Comme son frère M. Ramadan Tariq, M. Ramadan Hani est donc une personnalité importante du mouvement islamiste européen et entretient des relations soutenues avec l'Union des organisations islamistes de France (UOIF). Cette association a participé aux manifestations en faveur du port du foulard islamique et ses sympathies s'étendent au mouvement palestinien Hamas. » Le Centre islamique de Genève dont il est question dans cette note, a été créé grâce au financement des Saoudiens qui voulaient que cet organisme soit la rampe de lancement pour l'islamisation des Européens et la réislamisation des musulmans vivant en Europe. Les Saoudiens ont confié cette tâche à *Saïd Ramadan*, le père de *Hani* et *Tariq Ramadan* et néanmoins gendre de *Hassan Al-Bennâ*.

Cela dit, et pour revenir à la question de la représentativité et aux divergences qui minent la communauté musulmane, il faut préciser que ces luttes de leadership posent, elles-mêmes, d'autres problèmes, notamment ceux relatifs à la formation des imams et des théologiens. Cette carence amène les autorités françaises à tolérer *« l'importation »* d'imams étrangers ne sachant rien des réalités de la communauté immigrée, encore moins de celles de la société française. C'est ce qui permettra à une catégorie d'imams intégristes, prônant une version dure et rigoriste de l'islam, de s'incruster en France, entre la fin des années soixante-dix et le début des années quatre-vingt, pour endoctriner une population jeune, crédule et vulnérable. Beaucoup d'imams installés en France ont eu la bénédiction et l'appui d'imams intégristes connus. *Abou Bakr Al-Djazaïri*, un imam algérien officiant à Médine en Arabie saoudite, chantre du *wahhabisme*, forme et envoie annuellement en France des dizaines de religieux qui prêchent aujourd'hui dans les mosquées françaises. Pour avoir une idée de son profil, soulignons qu'*Abou Bakr Al-Djazaïri* avait été chargé de recruter les combattants maghrébins pendant la guerre d'Afghanistan. C'est un intégriste de la pire espèce. Tout ceci a lieu sous le nez des autorités françaises qui ne se sont rendu compte du danger que bien tard, c'est-à-dire durant les années quatre-vingt-dix.

Cette décennie marque d'ailleurs un tournant, puisque c'est à cette époque que l'idéologie islamiste s'installe véritablement en France. Cette *« installation »* allait s'accentuer par la suite à la faveur de l'éclatement de la guerre civile en Algérie. Plusieurs activistes religieux élurent domicile en France et ne tardèrent pas à constituer des réseaux qui alimentaient les maquis algériens en armes, en hommes et en argent. La France était devenue quasiment une base arrière du terrorisme islamiste.

La nomination des imams était devenue également un enjeu que se disputaient les trois pays maghrébins (Algérie, Maroc et Tunisie). Chaque gouvernement voulait envoyer le maximum d'imams pour prendre en charge sa communauté d'émigrés ; 95 % des imams présents aujourd'hui en France ne possèdent pas la nationalité française. La palme revient au Maroc qui en a dépêché, au cours de ces dernières années, près d'un millier. Aujourd'hui, 40 % des imams prêchant dans les mosquées françaises sont marocains, 25 % sont algériens, les autres sont de nationalité tunisienne, turque, française ou autre. C'est dire que l'islam demeure également un enjeu de politique internationale. Naturellement, pour ces pays maghrébins, il est important de permettre à la communauté de garder un lien avec le pays d'origine. Les imams envoyés par les gouvernements maghrébins devaient jouer le rôle de trait d'union avec le *bled.* Cette démarche est certes normale mais elle peut recouvrir un aspect relativement dangereux dans la mesure où elle empêche, dans les faits, cette communauté de couper, un tant soit peu, le cordon ombilical avec le pays d'origine et de prendre en charge son destin, dans un souci de réaliser une meilleure intégration. À ce sujet, il est clair – notamment pour les Français d'origine maghrébine – que l'intégration passera également par un choix subtil qui devra être fait : s'il est tout à fait normal de considérer que la personnalité d'un citoyen peut être composée d'une double culture, il est difficile de croire qu'on puisse être citoyen de deux pays. On est français ou algérien comme on est français ou italien. En revanche, on peut être français ou algérien de culture franco-algérienne. Je pense sincèrement que l'intégration des Français d'origine étrangère ne sera pas réussie tant qu'on n'arrivera pas à prendre en considération ces aspects.

Concernant toujours le problème de la représentativité, l'enjeu majeur tourne aujourd'hui autour du profil de l'instance représentative qui va naître de la consultation initiée par le ministère de l'Intérieur sous Jean-Pierre Chevènement et reprise par Daniel Vaillant. L'UOIF ou la FNMF et les associations qu'elles regroupent ne sont certainement pas les mieux indiquées pour représenter un islam compatible avec les lois de la République, voire pour représenter la communauté musulmane. L'UOIF a été introduite par l'administration chargée de gérer le dossier de la consultation des instances musulmanes, sous le gouvernement socialiste. En permettant à une telle organisation de prétendre à la représentativité, le ministère de l'Intérieur a introduit le loup dans la bergerie. Il est connu que la plupart des islamistes s'investissent beaucoup plus que les autres membres de la communauté quand il est question d'enjeux politiques ou électoraux. Les musulmans vivant sur le sol français – contrairement aux intégristes – ne se sentent pas tous concernés par les querelles qui peuvent exister entre la mosquée de Paris et la plupart des associations où l'idéologie intégriste est dominante. Il ne faudrait pas – à ce sujet – que les autorités françaises tombent dans un traquenard et permettent à des organisations comme l'UOIF d'émerger et de devenir le porte-parole et le représentant officiel de la communauté musulmane. Si cette organisation a gagné, au fil des années, une certaine notoriété auprès de la communauté musulmane, le laxisme des autorités y est pour quelque chose. Comme l'ont si bien précisé des proches du recteur de la mosquée de Paris, *« il est à craindre que cette consultation ne se transforme en une consécration de vingt ans de militantisme islamiste »*. Tout semble montrer que l'islamisme en France arrive au terme d'un processus. Marginal à la fin des années soixante-dix, il s'est ensuite structuré dans des associations dès les années quatre-vingt, a consolidé ses positions au cours des années quatre-vingt-dix, et il vise aujourd'hui une place autour de la table de la République.

Pendant ce temps, les autorités continuent de penser qu'elles arriveront à le domestiquer.

Lors des réunions annuelles qu'elle organise au Bourget, l'UOIF arrive à regrouper jusqu'à soixante-quinze mille personnes : des Maghrébins, des Asiatiques, des Africains, des Libanais, des Syriens, mais aussi des Européens convertis à l'islam. Ces gens viennent pour écouter les conférences au cours desquelles, souvent, un discours anti-intégrationniste est véhiculé. C'est pour toutes ces raisons que le Conseil français consultatif du culte musulman de France (CFCMF), risque de tourner à l'avantage d'organisations très proches des mouvements intégristes radicaux. L'UOIF a tenté d'ailleurs de faire un véritable forcing dans le but de contrôler le processus menant vers l'élection d'une instance représentative des musulmans de France.

Si le tiers des musulmans vivant en France est de nationalité française, les deux tiers restants ont gardé leur nationalité d'origine et possèdent un statut de résidents permanents. Sans oublier qu'une minorité – qui se chiffre tout de même à quelques dizaines de milliers – y réside clandestinement. Géographiquement, la communauté musulmane est concentrée en Île-de-France et dans les grandes agglomérations (Marseille, Toulouse, Lyon, Bordeaux, Montpellier, Lille, Roubaix...). Cette communauté occupe, dans sa majorité, des habitations à loyer modéré (HLM), construites dans les périphéries des grandes villes.

Socialement, une famille musulmane compte, en moyenne, six membres. En règle générale, les appartements qu'elles occupent sont exigus (une pièce pour trois personnes en moyenne). Sur le plan architectural, les cités se ressemblent presque toutes : des tours de dix à vingt étages où habitent parfois près de deux cents personnes par tour. Certaines cités comptent plus de cinq mille habitants. L'exemple le plus frappant est celui de la cité du Val-Fourré dans les Yvelines, en région parisienne, dont la population atteint les vingt-deux mille habitants.

Cette communauté est, statistiquement parlant, la première victime du chômage et de l'échec scolaire. Par ailleurs, plusieurs familles ne vivent que grâce aux aides sociales, au Revenu minimum d'insertion (RMI) et aux allocations familiales. Dans les cités, on remarque un nombre limité, voire une carence d'infrastructures socioculturelles : une quasi-absence de terrains de jeux, de salles de cinéma et centres de loisirs.

Échec des politiques d'intégration

N'est-il pas étonnant de constater que la plupart des membres de la communauté musulmane – je parle des *beurs*, c'est-à-dire de ceux de la deuxième ou de la troisième génération – continuent de se débattre dans des tensions issues d'une confrontation avec une culture et des traditions différentes ? N'est-il pas navrant de constater que certains hommes politiques continuent de parler d'immigration, alors que la plupart des jeunes des cités possèdent la nationalité française ? Si on continue d'évoquer le problème de cette manière, c'est qu'il est évident que cette intégration, tant souhaitée par plusieurs gouvernements, a échoué. Pourquoi cet échec ? Avant de répondre, il faut préciser que certains des initiateurs de la première Marche pour l'égalité entre les communautés se sont dirigés vers l'islamisme, car leur démarche avait tout simplement échoué. Une revendication citoyenne non satisfaite s'est ainsi transformée en un mal dangereux, puisque des associations islamistes n'ont pas manqué de récupérer le mouvement à travers notamment un discours de victimisation. En effet, les intégristes ont su gérer à leur profit cette crise identitaire qui frappe les musulmans vivant en France.

Au fil des années, la communauté musulmane s'est sentie, parfois à juste titre, marginalisée, exclue. La formation des jeunes est devenue inadaptée, d'année en année, et leur réalité socio-économique est rarement prise en considération. Résultat, le taux de l'échec scolaire atteint un seuil alarmant et le marché du travail se fermera pour une grande partie des jeunes d'origine étrangère : le taux de chômage dans certaines banlieues peut atteindre jusqu'à cinq fois la moyenne nationale. En 2000, parmi les vingt-six millions d'actifs vivant en France, 6 % seulement sont étrangers, soit un million et demi de personnes [1].

1. *Source :* « L'insertion professionnelle des étrangers : 1999-2000 ». *Notes et Documents* n° 48.

Ce dernier chiffre comprend naturellement tous les étrangers vivant sur le sol français et pas seulement ceux de confession musulmane. Il n'existe aucun chiffre officiel exprimant le nombre de musulmans au chômage en raison des lois de la République interdisant de questionner les personnes sur leur religion. Néanmoins, selon certaines estimations, 60 % des actifs de confession musulmane ne travaillent pas ou occupent des postes précaires. Cette situation ne concerne pas uniquement les étrangers résidant en France, elle concerne également les Français d'origine étrangère. Un rapport du Haut Conseil à l'intégration (HCI), spécifie d'ailleurs que *« l'accès à la nationalité française ne fait pas disparaître les obstacles spécifiques que rencontrent les étrangers sur le marché du travail »*. Il y a, en clair, un problème de discrimination, c'est-à-dire de rejet. Ce qui est alarmant, c'est que ce problème risque de s'aggraver en raison du taux d'échec scolaire chez les jeunes musulmans. Cet échec est dû à plusieurs facteurs qui viennent s'entremêler : des parents souvent analphabètes et incapables de suivre la scolarité de leurs enfants, des conditions socio-économiques parfois dramatiques et des problèmes d'intégration qui se répercutent négativement sur la vie de la communauté. Pendant ce temps, aucune politique n'a été décidée pour mettre un terme à cette situation.

Les problèmes identitaires qui touchent la communauté musulmane – du moins maghrébine – sont, eux aussi, dus a plusieurs raisons : le régime de la double nationalité est, à ce titre, à l'origine d'au moins une bonne partie de ce problème. Il faudrait peut-être poser la question suivante : ce régime peut-il constituer une entrave à l'intégration ? Plusieurs éléments nous pousseraient à répondre par l'affirmative. En effet, tout porte à croire que nous sommes en train de confondre double culture et double nationalité. Comme je l'ai souligné précédemment, on peut évidemment être français et posséder une double culture : franco-maghrébine, franco-italienne ou franco-arménienne, mais peut-on être à la fois français et algérien, français et tunisien, français et italien ? Pour ce dernier exemple, la question ne se pose peut-être pas, car la France est aujourd'hui un élément de l'ensemble européen, en revanche elle se pose avec acuité, en ce qui concerne les Franco-Maghrébins. Si on demande aux Français dits *« de souche »* de se sentir aujourd'hui européens, peut-on demander la même chose à des Français d'origine maghrébine, alors que la plupart d'entre eux ne se sentent même pas français à part entière ?

Comment peut-on, par ailleurs, parler aujourd'hui d'intégration cependant qu'il existe dans l'Hexagone des citoyens qui possèdent une double nationalité ? On demande à des citoyens d'être français alors qu'ils ne sont pas *que* français. Comment peut-on parler d'intégration, quand on sait que cette nationalité française est souvent considérée comme un simple document administratif qui accorde des droits supplémentaires aux étrangers résidant en France ? Et comment pourrait-on être *à la fois* algérien et français ? Selon quelle logique permet-on à un citoyen de voter pour deux Présidents de deux États différents ? Comment peut-on accepter qu'une personne qui ne connaît rien à son pays d'origine puisse en posséder la nationalité ? Je crois que c'est là une autre aberration que la France refuse de voir, de même que les responsables des pays d'où sont originaires tous ces Français musulmans.

Une telle situation se traduit chez une majorité de jeunes de la manière suivante : on demande à des *beurs* d'origine algérienne (je prends l'exemple des Algériens car c'est la communauté la plus importante en France), d'être à la fois algériens et français. Cela ne veut naturellement pas dire qu'on leur demande d'avoir une double culture. On leur demande tout bonnement d'être *à la fois* français et algériens. Cela reviendrait à leur demander, en quelque sorte, d'avoir deux mères patries, un double sentiment nationaliste, d'être doublement patriotes et de vibrer pour deux hymnes nationaux. Est-ce possible ? On ne peut pas exiger raisonnablement d'un être humain – jeune de surcroît – d'avoir deux pays envers lesquels il aurait, en plus, des devoirs : le service militaire, en l'occurrence, du moins avant sa suppression en France, un esprit de citoyenneté, etc. Poussons l'impertinence dans ses derniers retranchements : en cas de divergence d'intérêts entre la France et l'Algérie ou entre la France et les autres pays maghrébins, quelle position pourrait adopter un binational ? Être du côté de son pays d'origine ou du côté de son pays natal ou d'accueil ? Un Franco-Algérien ou un Franco-Marocain qui accède à un poste de responsabilité – puisque telle est l'aspiration de plusieurs Français d'origine maghrébine – défendra-t-il les intérêts de la France ou ceux de son pays d'origine ?

Il faut reconnaître que ce statut de double nationalité continue de faire beaucoup de ravages. Faute de pouvoir se sentir à la fois français et marocains, ou tunisiens, ou algériens, plusieurs jeunes ne se sentent ni français, ni algériens, ni marocains, ni tunisiens. Et ne se sentant ni l'un ni l'autre, certains d'entre eux choisissent de se sentir tout simplement musulmans et beaucoup deviennent alors des islamistes virulents, portant en eux une profonde haine à la fois de leur pays d'origine et de la France. Ceux qui échappent à l'emprise de l'islamisme se transforment le plus souvent en petits caïds de quartier et versent dans la délinquance. Naturellement, je prends des raccourcis, mais une analyse socio-psychologique serait à même de décortiquer ce casse-tête français.

Plusieurs hommes politiques et autres observateurs s'étaient étonnés – certains en étaient horrifiés – de voir des *beurs* siffler *La Marseillaise* au Stade de France, lors du match de football qui opposait, le 6 octobre 2001, la France à l'Algérie. Il est évident que ce match amical est *« historique »*. Non parce qu'il opposait les équipes de deux pays ayant en commun une histoire passionnelle, mais parce qu'il fut, avant tout, le révélateur de l'échec de la politique d'intégration. Il faut le dire ainsi : le 6 octobre 2001, *La Marseillaise* a été huée, non par des Algériens mais, bel et bien, par des Français. En effet, ces jeunes sont nés en France, ils y ont grandi, ils ont fréquenté l'école française, ils ne connaissent pas – ou très peu – leur pays d'origine et, pourtant, ils ne se sentent pas français. Ou, du moins, ils ne se sentent pas français à part entière. C'est peut-être là le fond du problème. Je suis convaincu que, si le match s'était déroulé en Algérie, les Algériens n'auraient certainement pas eu le même comportement. Et *La Marseillaise* n'aurait certainement pas été sifflée.

Plusieurs indices étaient ce propos. Revenons en arrière : en 1976, il y eut un match officiel entre la France et l'Algérie au stade du 5 Juillet à Alger, dans le cadre des Jeux méditerranéens. Au plus fort du sentiment nationaliste, quatorze ans après l'indépendance et sous le règne du Président Houari Boumediene (décrit comme hostile à la France), *La Marseillaise* n'avait pas été huée. Ce match de football fut très disputé mais il se déroula dans un excellent esprit sportif. Plus récemment encore, l'Olympique de Marseille s'est déplacé à Alger pour un match amical. Un accueil très chaleureux a été réservé aux membres du club de la cité phocéenne et le match, là aussi, s'est déroulé dans d'excellentes conditions. Ce sont là deux exemples – et il y en a d'autres – qui montrent qu'il existe une différence de perception de la France, entre les Maghrébins vivant dans leur pays d'origine et ceux vivant sur le sol français ou ayant acquis la nationalité française. Le mal-vivre et la frustration de ces derniers sont évidents.

Si des jeunes *beurs* ne se considèrent pas français, ils ne se considèrent pas non plus algériens, tunisiens ou marocains, bien qu'ils aient, là aussi, la nationalité. Les raisons : ils ne maîtrisent pas la langue arabe, ils connaissent peu de chose sur leur pays d'origine et, culturellement, ils se sentent différents des jeunes qui y vivent. La naturalisation, la francisation (utilisation d'un prénom français) ou l'assimilation risquent donc de ne servir à rien. Des Français d'origine étrangère se plaignent du délit de faciès dont ils sont souvent les victimes. Même des *harkis* ou enfants de *harkis* disent avoir – au moins une fois – subi des actes ou des propos racistes, alors que, par le passé, ils étaient prêts à sacrifier leur vie et celle de leurs propres frères au nom de la France.

Beaucoup de jeunes *beurs* ne se sentent pas français, car ils estiment parfois qu'ils sont marginalisés par la société. Le discours xénophobe de l'extrême droite n'est pas fait pour arranger les choses. Leur condition économique précaire ou le délit de faciès dont ils sont parfois les victimes, non plus. La gravité réside, là aussi, dans le fait qu'aujourd'hui certains Français ne se sentent pas français. Une catastrophe ! Pourtant, la France n'est pas un pays raciste, loin s'en faut, même s'il y a des racistes. Reste que plusieurs facteurs participent à la montée du racisme et de l'intolérance : l'actualité nationale ou internationale conditionne ainsi sensiblement le degré de racisme au sein de la société française. Le chômage atteint-il des pics ? On trouvera toujours des âmes éclairées pour dire que *« c'est la faute aux étrangers ».* L'insécurité atteint-elle des proportions alarmantes ? Certains n'hésiteront pas à penser que *« c'est de la faute des Noirs et des Maghrébins ». Ben Laden* menace-t-il l'Occident ? Immédiatement on se méfiera des musulmans. Une bombe explose-t-elle à Jérusalem ? C'est toute la communauté musulmane qui est épiée du coin de l'œil. Et les exemples sont encore nombreux. À l'évidence, le malaise entre la communauté musulmane et la société française est souvent l'otage des conjonctures politiques ou socio-économiques.

Il est aisé de constater également que le principe de laïcité est, lui-même, victime de confusion. En effet, *« au nom de la laïcité »*, certains pensent pouvoir *« interdire »* la pratique de la religion et n'hésitent pas à montrer leur hostilité. Il ne faut surtout pas croire qu'un musulman *« bien intégré »* est celui qui ne pratique pas sa religion. C'est totalement faux. Les exemples sont, là aussi, nombreux dans les cités où résident une majorité de musulmans. Souvent, les pratiquants – qui n'ont pas choisi la voie de l'intégrisme – sont, de loin, mieux intégrés que les non-pratiquants. Il est évident que l'équilibre mental est assuré chez les personnes qui assument et harmonisent leur part d'islamité et leur part de francité. La double culture devient alors pour eux une richesse, et non un handicap.

Il est vrai que nous pouvons tous sombrer dans une méfiance excessive à l'égard des musulmans pratiquants. Nous sommes, en quelque sorte, tous conditionnés par l'actualité internationale et beaucoup d'entre nous se méfient des religions. Nous ne savons pas qui est intégriste et qui ne l'est pas, qui est musulman pratiquant et qui est intégriste. Du coup, nous tombons dans de dangereux amalgames qui nous empêchent de différencier le musulman de l'islamiste. Et là réside un véritable dilemme : diaboliser le musulman pratiquant, c'est le conduire tout droit vers l'intégrisme ; angéliser l'intégriste, c'est lui permettre de se fondre dans la société, passer inaperçu et mener sereinement ses activités criminelles. Il est évident qu'il ne s'agit pas d'angéliser ou de diaboliser comme il ne s'agit pas, non plus, de tenter de domestiquer, il s'agit, avant tout, d'identifier et de permettre à la communauté musulmane de marginaliser, elle-même, les intégristes qui tenteraient éventuellement d'infiltrer ses mosquées ou d'endoctriner ses enfants. À charge ensuite pour les structures de l'État de faire respecter la laïcité, les lois et les principes républicains.

La religion musulmane est méconnue en France. Pis, l'islam est même, peut-on dire, un sujet tabou que peu de Français abordent en public. Il existe d'ailleurs dans l'Hexagone deux sujets qui demeurent épineux : celui qui concerne les juifs ou celui ayant trait aux musulmans. Les gens qui évoquent ces deux communautés le font avec des pincettes et prennent un maximum de précautions de peur d'être taxés *« d'antisémites »* ou de *« racistes »*. Cette tendance à coller les étiquettes sur ceux qui s'aventureraient à formuler, ne serait-ce que la plus insignifiante des critiques à l'égard de l'une ou de l'autre communauté, en a complexé plus d'un. Critiquer la politique menée par Ariel Sharon est devenu un acte *« antisémite »* pour les uns, et combattre l'islamisme est assimilé à du *« racisme »* ou à de l'islamophobie par les autres. Du coup, et pour revenir à notre propos, intellectuels, journalistes et hommes politiques se font très discrets sur la question de l'islamisme de peur de *« choquer »* les âmes sensibles et de se faire *« une mauvaise réputation »*. Cette logique amène aujourd'hui les autorités françaises à faire des concessions afin de ne pas se mettre à dos la communauté musulmane. La question relative au port du voile à l'école en est une illustration. Demain, elles feront, peut-être, d'autres concessions et permettront à l'islamisme de gagner davantage de terrain.

J'ai été souvent frappé par certains témoignages de gens qui se plaignaient d'avoir, dans leur quartier, *« trop de musulmans pratiquants »*. Ils pensent, en effet, qu'ils ont face à eux des intégristes parce que certains portent la barbe ou les habits traditionnels. Cela peut être vrai, mais cela n'est pas toujours exact, surtout dans la conjoncture actuelle. Les intégristes terroristes vivent aujourd'hui dans une parfaite clandestinité et font tout pour ne pas se faire remarquer. Ils ont, presque tous, rasé leur barbe, s'habillent à l'occidentale, tentent d'avoir une activité plus ou moins légale et fréquentent très peu les mosquées. J'expliquerai plus loin ce qu'est l'islamisme et je tenterai de dresser le profil de l'islamiste *« classique »*.

À mon avis, beaucoup de Français – sinon la plupart – font donc sans le savoir un dangereux amalgame entre intégration et assimilation. Souvent, des Français dits *« de souche »* sont étonnés de voir un de leurs compatriotes *« d'origine maghrébine »* intégré et ayant réussi sa vie sociale faire, par exemple, le *ramadan.*

« C'est vrai ! Tu le fais ? » m'ont répondu des amis quand j'ai refusé au cours du mois de ramadan 2001 de partager avec eux un café. Ils m'ont expliqué par la suite qu'ils pensaient que je ne pratiquais aucun précepte dicté par ma religion parce qu'ils considéraient qu'étant *« francophone »*, et *« parfaitement intégré dans la vie française »*, il leur semblait normal que je ne suive pas les règles de la religion. J'ai dû leur expliquer que l'intégration ne rimait pas forcément avec un renoncement à sa propre religion.

J'ai retrouvé les mêmes raisonnements auprès d'autres Français *« de souche »* qui estimaient, par exemple, que les Kabyles étaient mieux intégrés dans la société française. Pourquoi ? *« Parce que la plupart mangent du porc, consomment de l'alcool et ne font pas le ramadan »*, m'a-t-on répondu. Ce qui est, à mon avis, complètement absurde. D'ailleurs, beaucoup de Maghrébins ont relevé cette préférence qu'ont certains Français dits *« de souche »* pour les Kabyles, considérant ces derniers comme mieux intégrés, car la majorité d'entre eux sont des musulmans non pratiquants. Et la réponse de certains *beurs* ne tarde pas à fuser : *« On ne dira jamais qu'un juif ou un catholique non pratiquant est mieux intégré qu'un juif ou un catholique pratiquant. »* Il est clair que l'intégration n'a rien à voir avec la pratique religieuse ou avec le degré de foi des uns ou des autres. Reste à faire accepter cette idée. D'ailleurs, quelles que soient les convictions religieuses, l'essentiel c'est de respecter les lois de la République et les principes de la laïcité. Cette nuance, qui reste de taille, n'a pas été clairement explicitée à la société. Un traitement pédagogique de cette question évitera certainement les arrière-pensées, les malentendus et les clichés.

Il existe aujourd'hui en France une méfiance à l'égard de la religion musulmane. C'est un fait, bien qu'on ne veuille pas l'avouer. En réalité, l'islam en tant que religion n'est en rien dangereux, c'est la lecture rigoriste et l'interprétation extrémiste des textes régissant la religion musulmane qui sont en totale contradiction avec les règles de la République et les principes de la laïcité. En République, un musulman même pratiquant peut être en parfaite conformité avec les lois en vigueur et vivre en harmonie avec les principes de la laïcité.

Réduire la question de l'intégration – volontairement ou involontairement – à la pratique – ou à la non-pratique – d'une religion serait d'ailleurs une erreur monumentale. Si l'objectif est d'aller réellement vers une France multiculturelle et si le concept *« black, blanc, beur »* n'est pas seulement un slogan creux et conjoncturel, il faut, au contraire, encourager chaque communauté à garder une certaine authenticité culturelle, voire religieuse, tout en incitant chacune à vivre en harmonie avec la République et ses règles. Cela ne veut nullement dire, bien entendu, qu'il faille encourager les communautarismes.

Une grande partie de la jeunesse musulmane se tourne vers la religion parce qu'elle croit qu'on lui interdit implicitement de vivre avec son identité originelle. Une identité qui se résumerait à faire de ces jeunes, issus de la communauté musulmane, des Français musulmans. C'est parce qu'ils ressentent qu'on ne veut pas reconnaître leur identité et celle de leurs parents, que ces jeunes *beurs* se dirigent parfois vers une version extrémiste de leur religion. Certains prédicateurs intégristes utilisent d'ailleurs cet argument pour semer la haine dans leurs esprits. *« La France et les Français ne nous aiment pas et n'aiment pas notre religion »*, disent-ils, entre autres, quand ils s'adressent à eux. Des jeunes qui estiment que leurs parents ont été *« trahis »* et *« exploités »* par la France accordent du crédit et de l'attention aux prédicateurs.

La politique d'intégration a-t-elle échoué ? Il est clair que les politiques appliquées au cours de ces trente dernières années n'ont pas, à première vue, atteint leurs objectifs. À vrai dire, il n'y a pas eu réellement de politique d'intégration. *« Impensable ! Ridicule ! »*, s'exclameraient certains. Si on part du principe selon lequel toute politique d'intégration devrait, avant tout, concrétiser une égalité entre les différents groupes ethniques, force est de constater aujourd'hui que ce principe d'égalité n'est pas encore atteint. Ce ne sont pas les mots qui le disent mais l'impitoyable loi des chiffres. En effet, comme nous l'avons vu précédemment, les statistiques montrent clairement que des inégalités existent entre les *beurs* et les Français dits *« de souche »*. Ces inégalités sont visibles, notamment en ce qui concerne l'emploi, le taux de réussite scolaire et le niveau de vie. La France applique pourtant, en théorie, les principes d'égalité en droits et devoirs entre tous les citoyens. Néanmoins, cela ne se traduit pas d'une manière effective dans la vie quotidienne. À ce sujet, les témoignages recueillis dans certaines banlieues montrent l'amertume des *beurs* : un couple avec enfants qui n'a pu trouver un logement dans le parc immobilier privé en raison de ses origines, un diplômé d'une grande école qui n'arrive pas à se faire recruter en raison d'un prénom arabe mais qui est convoqué à un entretien lorsqu'il envoie un CV identique avec un prénom *« bien français »*, des employés d'origine maghrébine travaillant dans une grande surface auxquels on interdit tout contact avec la clientèle, un paisible père de famille qui se plaint d'être contrôlé par la police trop souvent en raison de son physique basané et des enfants d'immigrés outrés par les commentaires qu'on leur fait sur le *ramadan* ou l'*Aïd*[1]. Ce sont là les remarques qui reviennent le plus souvent dans les témoignages que j'ai pu recueillir sur le terrain.

Ces remarques ne révèlent pas, comme on pourrait le penser, des *« actes isolés »*. En témoigne le nombre de Français d'origine étrangère qui se plaignent également d'avoir été, au moins une fois, victimes de discrimination. Le sentiment de frustration et d'exclusion, ressenti par les *beurs* est souvent justifié. Il est d'ailleurs très présent dans le langage des adolescents et des jeunes adultes. Ajoutés à ces faits de la vie quotidienne, les actes de racisme et de xénophobie ou les éventuels dérapages (mort d'un jeune *beur* à la suite d'une altercation avec la police, insultes racistes, etc.) viennent exacerber le sentiment de rejet et accroître celui de la colère. D'autres témoignages m'ont révélé à quel point la communauté musulmane pouvait être sensible à ce qu'on pourrait qualifier de *« maladresses verbales »*. Une mère de famille a été, par exemple, suffoquée par les propos tenus par l'enseignante qui s'occupe de son fils en classe maternelle. Cette dernière aurait dit à l'enfant, alors que celui-ci crachait par terre : *« En France,*

1. Fête musulmane qui marque la fin du *ramadan* ou fête du sacrifice au cours de laquelle un mouton est égorgé.

on ne doit pas cracher par terre !» Elle m'a également fait part de la réaction d'un agent de police qui verbalisait son mari en raison d'un stationnement interdit : *« Si vous n'êtes pas content, rentrez chez vous !»* aurait lancé le représentant de l'ordre à l'automobiliste mécontent. La colère de la dame est naturellement légitime : *« Nous sommes français,* précise-t-elle, *et nous avons le droit de rouspéter quand quelque chose ne nous plaît pas, comme le font l'ensemble des Français. »* Des propos de ce genre sont fréquents au sein de la société. J'ai moi-même vécu cela à maintes reprises. Un de mes anciens collègues, dans une rédaction parisienne, répétait souvent : *« Je vais chez le bougnoule du coin m'acheter quelque chose à manger !»* Il est impératif de ne pas banaliser ce genre de propos. S'ils sont souvent relativisés par les adultes, les jeunes *beurs* réagissent violemment face à ces *« agressions »* qui leur permettent, en quelque sorte, de légitimer leur violence à l'égard de la société.

Les politiques suivies jusqu'à présent en matière d'intégration n'ont pas permis de combler ce fossé souvent invisible qui sépare la communauté musulmane et la communauté nationale. Il est évident que, quand le diagnostic est erroné ou incomplet, le remède devient inutile, voire dangereux. Certains continuent de croire que les causes de la délinquance chez les jeunes *beurs* sont dues essentiellement à *« un choc culturel »*. D'autres pensent qu'il s'agit plutôt d'une répercussion des problèmes socio-économiques. Rares sont ceux qui ont noté qu'en réalité la conjugaison de ces deux facteurs, ajoutée à d'autres, plus ou moins importants, a créé la tension qui règne aujourd'hui dans certains quartiers.

Sur le plan judiciaire, l'impunité a été, durant de longues années, presque un mode de gouvernance. Les jeunes délinquants, notamment les mineurs, ne savent plus ce qu'est la punition. La tolérance excessive a même ôté aux parents toute autorité sur leur progéniture. Les enfants consacrés *« rois »* savent désormais qu'ils sont *« intouchables »*. Cette situation est d'autant plus difficile pour les familles qui n'ont plus les moyens d'utiliser les méthodes d'éducation répandues dans leur pays d'origine et basées essentiellement sur le respect du père notamment. Il est clair qu'à ce sujet certains seraient tentés de croire que les immigrés auraient tendance à maltraiter leurs enfants.

Ceci est totalement faux. La différence, si différence il y a, est d'abord d'ordre culturel. Chez les Maghrébins, par exemple, le père représente, à travers sa personne, l'autorité. Il joue un rôle de chef de famille qui ne partage, ni ne délègue son pouvoir. Ainsi le père exerce-t-il son autorité à travers sa personnalité. Cet homme, malheureusement, dans la plupart des cas, a perdu de son aura. Il est souvent moins instruit que ses enfants. Il ne maîtrise pas la langue française aussi bien qu'eux. Il est en décalage par rapport à la mode, à la culture et aux réalités sociales et, qui plus est, amoindri par ses problèmes socio-économiques. Son image est, du coup, dévalorisée. Les enfants voient en lui non plus un chef de famille mais une ombre qui fait partie du décor familial. De plus, les lois lui interdisent d'utiliser *« la manière forte »*. Plusieurs pères qui ne souhaitent pas voir leurs enfants sortir le soir ou avoir de mauvaises fréquentations m'ont avoué leur impuissance. L'un d'eux m'a même raconté que son fils l'avait menacé d'aller voir la police s'il levait la main sur lui, quand il l'avait surpris en discussion avec un *dealer* du quartier. Le 119, ce numéro de téléphone gratuit qui permet à des enfants maltraités d'alerter les autorités, est parfois utilisé comme arme de chantage. Toutes ces raisons ont sans nul doute contribué à destructurer les cellules familiales et à faire de simples adolescents des maîtres auxquels ni les parents, ni les enseignants, ni les policiers, ni les magistrats ne peuvent plus tenir tête.

Que faire face à tous les problèmes qui retardent l'intégration ? Évidemment, personne n'a de recette miracle, néanmoins beaucoup de gens pensent qu'une politique d'intégration doit être menée dialectiquement avec une politique de lutte contre le racisme, l'exclusion et l'intolérance. Il est impératif de faire ressentir aux *beurs* qu'ils sont des Français à part entière. Dans les faits, cela doit se traduire par une véritable prise de conscience. Les expressions *« Français de souche »* et *« Français d'origine... »* doivent être bannies à jamais.

Dire à un Français d'origine étrangère : *« Retourne dans ton bled »* lui fait perdre tous ses repères, puisque son *« bled »* est la France. *Idem* pour *« en France, on ne crache pas par terre »*. Tenir ce genre de propos à un jeune, c'est lui dire que si, en France, il ne doit pas *« cracher par terre »*, dans son pays d'origine il le peut. Or, cela est complètement absurde car il est évident que, sur le plan de la morale et de l'éducation, ce qui est mal en France l'est aussi ailleurs. On ne peut pas dire : *« En France, on ne vole pas »* ou : *« En France, on ne casse pas »*, il faut dire tout simplement : *« C'est mal de voler », « c'est mal de casser », « c'est mal de cracher par terre ».*

Les psychologues estiment – du moins ceux que j'ai interrogés – que le fait de tenir à un jeune d'origine étrangère le genre de propos cités plus haut, c'est lui faire comprendre que, dans son pays d'origine, la discipline et l'ordre sont moins pesants qu'en France. Dès lors, le jeune – ou l'enfant – en déduit que la France est un pays de contrainte et non de liberté, et il a tendance à idéaliser son pays d'origine et croire que c'est l'éden. Il comprendra, en réalité, qu'on lui interdit de faire ceci ou cela parce que la France l'interdit, non pas la morale, ou la loi, qui est parfois la même partout. Si le jeune entre dans ce genre de réflexion et de déduction, il finira – souvent inconsciemment – par ressentir un sentiment de répulsion envers la France. Cette répulsion se transformera en haine, et celle-ci génère facilement des actes de violence en direction des biens ou des personnes. Ce sont probablement ces enchaînements qui se déroulent aujourd'hui dans les banlieues françaises.

Naturellement, il ne s'agit pas de *« victimiser »* les *beurs* et la communauté musulmane, ni de trouver une excuse ou un alibi aux actes de violence. Mais s'il s'agit de faire un constat, établir un diagnostic et essayer surtout d'expliquer et de comprendre le comportement d'une partie de la communauté musulmane, il faut impérativement condamner les actes de violence et appeler les autorités à faire preuve d'une sévérité exemplaire dans le cadre des lois de la République. L'auteur d'un crime, d'un délit, d'une incivilité ou d'une quelconque infraction à la loi doit impérativement être sanctionné, quel que soit son âge. Sans oublier que cette sanction doit, en même temps, être proportionnelle à la faute commise. Il convient, par ailleurs, de trouver les remèdes adéquats aux maux qui rongent nos banlieues. Le constat à faire sans aucune forme de calcul, de tabou ou de complaisance consisterait à dire qu'aujourd'hui les *beurs* – et plus généralement les étrangers et les personnes d'origine étrangère – sont au départ de la majorité des violences urbaines et autres incivilités. Il ne faut surtout pas ethniciser la violence et en rendre systématiquement responsables les *beurs* ou les *blacks*. L'actualité est là pour nous révéler une certaine réalité avec laquelle nous devons nécessairement composer. Si la délinquance, le risque terroriste ou les incivilités sont, le plus souvent, le fait de jeunes d'origine étrangère, l'actualité nous révèle que les actes de pédophilie, ceux du grand banditisme, ceux des tueurs de masse et ceux des tueurs en série sont, souvent, le fait de Français dits *« de souche »*.

Autre problème fondamental : la suspicion qui pèse sur la communauté musulmane, largement amplifiée au lendemain des événements du 11 septembre. La société française fonctionne à travers des clichés et des idées préconçues. Nous sommes tous devenus physionomistes. Nous sommes méfiants face à un jeune homme mal rasé, habillé d'un survêtement et coiffé d'une casquette, mais devenons totalement confiants face à un autre jeune homme vêtu d'un costume et d'une cravate. C'est peut-être normal, mais cela nous induit souvent en erreur et nous pousse à porter parfois de dangereux jugements de valeur.

Bien que, personnellement, je sois contre l'obligation du port du voile et de la barbe, j'ai appris à être très vigilant quant aux jugements que je pourrais émettre. Si l'habit reflète d'une certaine manière la personnalité, il ne peut pas, à lui seul, constituer un signe de non-intégration. Naturellement, le port du voile ne représente pas forcément un signe de fondamentalisme, surtout en Europe. Ce choix peut être simplement motivé par le souci de marquer sa différence. De toute manière, là aussi cela pose problème, car si un musulman vivant en France tente de marquer sa différence, c'est que nécessairement il n'a pas réussi son intégration. Le port du voile peut également constituer uniquement un acte de foi. La majorité des théologiens musulmans met l'accent sur l'obligation, pour la femme, de se couvrir la tête, hormis le visage, et le corps jusqu'aux poignets et aux chevilles. Bien qu'il n'existe dans le Coran que deux versets qui exigent le port du voile ou *« khimar »*, les fondamentalistes sont allés au-delà en exigeant de la femme de se vêtir d'un uniforme cachant l'ensemble du corps :

port du *djelbab, tchador* (habit noir iranien) ou du *niqab* (habit noir cachant même le visage). Ce qui gêne, ce n'est pas tant le port du voile en lui-même, mais la manière dont ce voile est porté. D'abord, il faut remarquer que tous les habits islamistes sont devenus non pas la caractéristique d'une appartenance à une religion, mais le signe ostentatoire de l'extrémisme et des uniformes politico-religieux. Les *niqab, djelbab, tchador, hidjab* et autres *khimar* ne sont pas des signes d'appartenance à une communauté, mais des symboles d'appartenance à une sorte de secte, la mouvance intégriste en l'occurrence. Ces habits sont utilisés davantage comme des étendards. Jamais la religion musulmane n'a exigé le port de la tenue choisie par les représentants de l'islam radical. En réalité, l'islam exige que la femme s'habille d'une manière pudique et non qu'elle se déguise en fantôme. D'ailleurs, la majorité des habits portés par les intégristes est d'origine pakistanaise ou afghane. Ce ne sont certainement pas des habits qui étaient utilisés dans la péninsule arabique du temps du prophète *Mohamed*.

Il y a d'ailleurs des différences dans le port du voile islamiste. Certaines jeunes filles l'ont porté sous la contrainte, d'autres par conviction religieuse, une autre partie pour véhiculer des idées intégristes, et enfin une dernière catégorie comme défi à la société, notamment à la suite de la polémique qui avait éclaté à ce sujet, au cours de ces dernières années. Les femmes qui portent un voile par conviction religieuse et sans aller vers des habits à connotation islamiste pourraient réussir leur intégration : on est intégriste ou terroriste dans sa tête, pas dans sa tenue vestimentaire. J'expliquerai plus avant comment un islamo-terroriste opère et quel est son profil. *Mohamed Atta*, le chef du commando du 11 septembre, et les dix-huit autres kamikazes n'étaient pas barbus et sont passés inaperçus car leur *« look »*, leur manière de s'habiller et leur comportement n'attiraient en rien l'attention. Les terroristes islamistes font aujourd'hui tout pour être invisibles. Selon certains témoignages, *Mohamed Atta* aurait même consommé de l'alcool avant d'embarquer dans l'avion qu'il allait faire exploser *« au nom de Dieu »*.

Cela dit, il est évident que la question du voile pose un vrai problème aux autorités : l'interdire complètement, c'est apporter de l'eau au moulin des fondamentalistes ; le tolérer dans certains endroits, à l'école notamment, c'est aller contre les principes de laïcité. La meilleure solution serait d'éradiquer les raisons qui poussent un *beur* à verser dans l'intégrisme, adopter un comportement vestimentaire ostentatoire à travers lequel il tient d'abord à adresser un message qui ressemblerait à ceci : *« Je suis différent de vous, je m'habille différemment de vous, je suis un musulman, vous êtes des mécréants. »*

Une affaire de port du voile dans un lycée de Seine-Saint-Denis, en région parisienne, en mars 2002, a particulièrement attiré mon attention. Le rectorat s'est rabaissé à négocier avec une jeune fille en lui permettant de porter le voile – alors que le proviseur voulait l'exclure du lycée – à condition que *« ses oreilles puissent être visibles »*. Équilibrisme ou aveu d'impuissance de la part du rectorat ? Dès le lendemain, d'autres élèves, de confession chrétienne, sont arrivés en classe munis de chapelets. Ce qui est étonnant, c'est qu'un pays comme la Tunisie – où la majorité de la population est de confession musulmane – arrive, dans certains domaines, à faire respecter les principes de laïcité mieux que la France. Par exemple, le pouvoir tunisien interdit le port du voile islamique dans les administrations et la fonction publique. La situation devient donc quasi anecdotique puisque, à ce sujet toujours, la France tolère le port du voile, alors que la Tunisie ne tergiverse pas sur une telle question ! Naturellement, dira-t-on, la Tunisie est une dictature !

Si l'intégration ne se situe pas uniquement dans une tenue vestimentaire ou dans une apparence extérieure, elle reste révélatrice de l'existence d'un malaise. Il serait dangereux de prôner, directement ou indirectement, une intégration assimilatrice, mais il serait tout aussi dangereux de faire preuve d'un excès de permissivité sous prétexte de liberté de culte. Une telle politique donnerait certainement naissance au contraire du résultat souhaité, car si, aujourd'hui, la politique d'intégration a échoué, c'est parce qu'on la voulait justement assimilatrice, et si l'intégrisme s'est propagé, c'est parce qu'on lui a ouvert les portes à travers des politiques incohérentes. Il est donc nécessaire de démêler l'amalgame entre intégration et assimilation. Et si parfois la société exige consciemment ou inconsciemment l'assimilation, les gouvernements, quant à eux, ont, depuis une trentaine d'années, appliqué des politiques qui, au lieu de servir l'intégration, la desservaient.

Plus les jeunes auront le sentiment que l'islam est diabolisé, plus ils se dirigeront vers leur religion. Au lendemain de *« l'affaire du foulard »*, de plus en plus d'adolescents se sont laissé pousser la barbe et de plus en plus de jeunes filles ont porté le voile. La raison ? Les islamistes les ont poussés à percevoir cette l'affaire comme un défi qu'il fallait absolument relever. Ils leur ont fait croire qu'on voulait humilier leur religion, alors ils ont réagi à leur manière. Ils ont pensé que la France voulait piétiner les règles de l'islam et ont choisi la rébellion. Ce problème du *« voile islamique »* ou plus précisément du *« fichu islamiste »* est symptomatique de l'échec de l'intégration et de la prolifération du message intégriste.

L'habit intégriste est incontestablement le signe d'une nouvelle appartenance, d'une nouvelle identité. Le fait que des jeunes filles – endoctrinées ou forcées par leurs familles – cherchent à porter le voile au lycée, c'est-à-dire à l'école laïque où elles sont justement censées réussir des études afin de sortir du carcan familial et de ses pesanteurs idéologiques et culturelles, montre qu'elles sont devenues les otages d'une idéologie qui les incite à mener une vie comme celle que menaient leurs grands-mères, voire pire. Une jeune fille endoctrinée finira, tôt ou tard, par abandonner ses études, accepter un mariage forcé, demeurer femme au foyer sans pratiquement aucune perspective d'avenir ou d'épanouissement personnel. Par ailleurs, ce n'est pas un hasard si les associations islamistes axent une partie de leur stratégie sur les jeunes *beurettes.* Les intégristes sont conscients que l'intégration des Maghrébins passera sans aucun doute par l'intégration des femmes musulmanes. C'est la raison pour laquelle l'endoctrinement des jeunes filles est pour eux important dans la mesure où ces futures mères intégristes inculqueront, plus tard, une idéologie intégriste à leurs enfants. En tolérant, d'une manière ou d'une autre, le port du *« fichu islamiste »* à l'école, les autorités ne pèsent pas le poids que cela peut représenter, d'autant plus que les risques de contagion deviennent évidents. Il y a donc un vrai danger, car il ne faut pas perdre de vue que la réussite scolaire des jeunes de confession musulmane est souvent un facteur déterminant d'intégration.

S'il n'y a aucune politique en direction des *beurs*, la situation est pire en ce qui concerne les primo-arrivants. Durant les dix dernières années, des milliers de Maghrébins se sont exilés, fuyant la répression, le terrorisme ou les problèmes socio-économiques de leurs pays. Parmi les carences liées aux droits d'asile, on peut constater le grand déficit en matière d'infrastructures d'accueil. Plusieurs nouveaux immigrés, arrivés en France au cours des années quatre-vingt-dix, sont laissés dans un état de précarité pitoyable. La plupart sont entrés avec un visa de touriste et tentent, en vain, de régulariser leur situation administrative. Pendant ce temps, qui peut parfois s'avérer très long, ils ne bénéficient pratiquement d'aucune prise en charge. Ce qui, *de facto*, les met dans une situation de vulnérabilité.

Les cas les plus scandaleux concernent cette catégorie d'Algériens qui ont demandé un asile territorial et qui attendent parfois, dans la misère, deux à trois années pour obtenir une réponse, souvent négative. En effet, la loi sur l'asile territorial a été spécialement conçue pour les Algériens persécutés par le terrorisme islamiste. Or, la situation sécuritaire s'étant sensiblement améliorée en Algérie comparativement aux années 1992 à 1998, l'administration accorde de moins en moins de titres de séjour à cette catégorie d'exilés, car elle estime, à raison peut-être, qu'en Algérie le risque terroriste n'est plus aussi présent. Néanmoins, le ministère de l'Intérieur continue d'accepter les demandes, et les demandeurs continuent d'attendre une éventuelle réponse dans une précarité indescriptible.

Durant cette période d'attente, qui peut donc atteindre trois ans, les demandeurs ne peuvent pas travailler, prétendre à une aide quelconque. Ils sont souvent obligés de se débrouiller à leur manière. Et c'est là qu'intervient l'action sociale des activistes religieux qui utilisent la vulnérabilité de ces résidents quasi clandestins pour recruter de nouveaux militants et attirer de nouveaux sympathisants. Ces islamistes, qui rôdent le plus souvent dans les quartiers populaires, aux abords des mosquées, et qui tirent leurs ressources d'une économie parallèle, n'hésitent pas à prendre en charge les nouveaux arrivants, leur proposant travail au noir, lieu d'hébergement et argent de poche. Certaines associations extrémistes leur proposent, par exemple, des postes de soutien scolaire ou des postes leur permettant de dispenser des cours d'arabe aux enfants de la communauté contre quelque petit salaire qui leur permet de vivoter en attendant une éventuelle régularisation. Le moment venu, ces nouveaux arrivants devront s'acquitter de leur dette envers leurs bienfaiteurs et pourront ainsi – sans le savoir parfois – transporter une bombe, de faux papiers ou je ne sais quoi encore !

Dans un autre contexte, il est évident aujourd'hui que beaucoup de jeunes *beurs* n'arrivent pas à construire leur propre identité. Dans le même temps, l'État ne les aide pas ou les aide mal. Cet aspect du problème est certainement l'un des plus délicats à régler. Les difficultés que rencontrent certains jeunes dans la construction de leur identité sont dues d'abord au phénomène d'immigration en lui-même. Le déplacement géographique des parents constitue une violence que le jeune n'arrive souvent pas à digérer. Dès l'enfance, il est confronté, à l'école, à des différences de culture, de religion, de traditions, de faciès qui feront de lui un *« être différent »*. C'est pour cela que le processus d'intégration doit commencer dès le plus jeune âge. Malheureusement, c'est le contraire qui se produit puisque, dès l'adolescence, il découvrira – comme je l'ai déjà expliqué – les formes d'exclusion, parfois de racisme et de marginalisation. C'est certainement à ce moment-là que la fracture se produit.

Beaucoup de jeunes ne savent pas aujourd'hui qui ils sont et ils ne savent pas, non plus, ce qu'ils veulent. La société reflète une image d'eux-mêmes peu reluisante, et ils ont souvent l'impression de ne pas servir à grand-chose. Ce constat les amènera parfois à se diriger vers la délinquance ou à se réfugier dans l'extrémisme religieux. Certains prédicateurs font un travail *« au corps »* qui vise avant tout à permettre aux jeunes de recouvrer une estime d'eux-mêmes et parallèlement à provoquer en eux un sentiment de haine vis-à-vis de la société, considérée comme source de tous leurs malheurs.

En règle générale, il est rare de trouver un *beur* qui participe à la vie de la collectivité ou est engagé dans le mouvement associatif, verser dans la délinquance ou l'extrémisme. Quoi qu'on puisse penser, l'intégration passe nécessairement par une participation effective à la vie de la cité. La participation, l'engagement dans une quelconque action sociale, culturelle ou sportive, permet aux jeunes de se sentir utiles, de contribuer à la résolution des problèmes et de se distinguer en se faisant une place dans la collectivité. Cette *« participation »* toujours nécessaire n'est malheureusement pas accessible à tous. Lorsqu'il existera des maires, des députés, voire des ministres ou de hauts responsables d'origine musulmane, on pourra dire à ce moment-là, et à ce moment-là seulement, que l'intégration des Français d'origine maghrébine a bel et bien eu lieu. On en est encore loin. Aujourd'hui, on se contente de demander implicitement aux personnes d'origine étrangère de se faire oublier. *« Sois gentil et tais-toi »* semble être l'attitude implicitement recommandée dans une grande partie des cas. On n'appelle *« le Français d'origine étrangère »* ou *« l'étranger »* que lorsqu'il s'agit de résoudre des problèmes liés à des *« Français d'origine étrangère »* ou à des *« étrangers »*. Cela se ressent de plus en plus dans les métiers qui sont pratiquement destinés à ce genre de personnes. D'aucuns auront remarqué, par exemple, au cours des dernières années que la plupart des vigiles, des gardiens et autres agents de sécurité sont soit d'origine maghrébine, soit originaires de l'Afrique sub-saharienne. Parmi eux, il y a des diplômés, d'anciens cadres, des étudiants et j'en passe. Que faut-il en déduire ? Les voleurs sont d'origine étrangère, il leur faut alors des vigiles de même origine ? Ces métiers ne sont prisés que par les étrangers ? Ces métiers sont délaissés par les Français dits *« de souche »* donc ils reviennent automatiquement aux *« autres »* ? On peut naturellement se poser une multitude de questions sans trouver la réponse exacte.

Rares sont encore les Français d'origine étrangère qui participent à la vie de la société. Certains, poussés par les facteurs énoncés précédemment, se marginalisent, d'autres sont carrément marginalisés par le système. Cette non-participation provoque, dans la plupart des cas, des attitudes où le repli sur soi tient le rôle d'élément protecteur. Ce repli sur soi se traduira, au fur et à mesure, par un comportement communautariste, voire ethniciste. Beaucoup d'enseignants avec lesquels j'ai discuté font un constat qui, à mon avis, est alarmant : les élèves se mettent en classe par groupes ethniques et, durant la récréation, ils se regroupent également de la même manière : il y a comme un mur invisible qui les sépare...

Ce repliement sur soi permet à certains membres de la communauté musulmane de mieux digérer l'échec, puisque ce n'est plus l'individu qui a échoué, c'est toute la communauté. Les membres de cette dernière vivent tous les mêmes difficultés et cultivent du coup les mêmes appréhensions. Les jeunes et les adolescents cultiveront alors une haine féroce en direction de la société et de l'État qu'ils tiennent pour responsables de leurs échecs. Cette même société et ce même État seront perçus comme les *« ennemis »* de la communauté arabo-musulmane (c'est souvent le cas aujourd'hui), discours qui est totalement compatible avec celui des intégristes. D'ailleurs, le refuge dans l'intégrisme ne traduit pas une quelconque recherche spirituelle, une foi inébranlable ou un enthousiasme mystique, mais révèle plutôt une réaction au système social. Réaction qui est recherchée par les islamistes car, pour eux, *« un musulman intégré à la République est forcément un musulman perdu pour la oumma*[1] *»*.

Je ne pourrais clore ce sujet sur les questions liées à l'intégration sans préciser que celle-ci a bel et bien échoué. Les raisons ? On trouve certaines réponses dans l'un des derniers rapports du HCI qui précise, entre autres choses, qu'*« être originaire d'un pays non européen* [c'est le cas de 95 % des musulmans] *augmente la précarité pour les Français comme pour les étrangers »*. Les membres du HCI concluent leur rapport en précisant que *« l'intégration n'est plus aujourd'hui au centre des priorités nationales »*. Il est donc évident que les problèmes vécus dans les banlieues sont intimement liés à cet échec. La montée de la violence, qui est représentée davantage par la délinquance juvénile, pourrait être canalisée et récupérée par l'islamisme. Cela serait à la fois catastrophique et dramatique.

1. Oumma : la nation musulmane.

Insécurité et délinquance

La déstructuration que subissent les jeunes d'origine musulmane mène plusieurs d'entre eux directement vers la délinquance. Il ne s'agit pas là d'excuser de quelque manière que ce soit le comportement de certains jeunes, ni de leur trouver des circonstances atténuantes, mais avant tout d'expliquer certains phénomènes de plus en plus répandus.

Les Français d'origine étrangère deviennent invisibles dès qu'ils réussissent leur intégration ou dès qu'ils réussissent socialement. On oublie par exemple très vite que *Zinedine Zidane* est d'origine algérienne comme on avait oublié, un instant, que le judoka *Djamel Bouras* l'était aussi. Tout le monde s'en est souvenu dès que ce dernier a été soupçonné de dopage. Et là intervient immédiatement le rôle des médias. Des jeunes m'ont avoué ne pas comprendre pourquoi les commentateurs à la télévision ne mentionnaient pas – ou presque – l'origine de *Zidane,* alors qu'ils en font mention dès qu'il s'agit d'un gangster ou d'un délinquant. Ce constat est malheureusement vrai, et beaucoup de gens l'ont remarqué.

Échec scolaire, problèmes socio-économiques, chômage et malaise identitaire génèrent des exclus qui ne tarderont pas à choisir la loi de la jungle pour s'imposer, à leur manière, au sein de la société. Les jeunes – quelles que soient leurs origines – ont besoin de rêver. Or, il est clair aujourd'hui que même le rêve devient un privilège auquel certaines couches n'ont plus accès. Les jeunes veulent un logement, une voiture, un travail, en un mot, vivre. Aspiration légitime mais difficile à réaliser, selon eux. Leurs parents, bien qu'ils aient trimé toute leur vie, connaissent aujourd'hui des conditions d'existence souvent difficiles. Les jeunes estiment, dès lors, que le travail ou les études n'ont aucune importance. Surtout s'ils constatent que le *dealer* du coin se permet, lui, de posséder tout ce qu'ils souhaiteraient avoir. Ce n'est pas un hasard si leurs idoles ne s'appellent pas Pierre Curie ou Albert Einstein, mais Joey Star ou Will Smith. Leurs modèles ne sont pas des physiciens ou des chercheurs mais des rappeurs et des acteurs, issus, eux aussi, des banlieues et des ghettos. Le véritable danger, c'est quand leurs idoles ont pour nom... *Oussama ben Laden* ou *Mohamed Atta.*

Le regroupement dans les cités et le climat électrique qui y règne souvent s'expliquent par le fait que les jeunes veulent désormais imposer leurs lois. On estime à près d'un millier le nombre de quartiers qualifiés de *« sensibles »* ou *« difficiles »*, voire parfois de *« zones de non-droit »*. Les jeunes y font de plus en plus preuve d'agressivité et usent facilement de violence. Ils ne veulent ni se soumettre ni appliquer ce qu'on leur demande de faire. Et souvent la violence est une forme de loisir, c'est leur manière de se défouler et d'extérioriser leur amertume. Ils parlent de *« haine »*. Ils disent l'avoir parce qu'ils n'arrivent pas à décoller dans la vie. Ils paniquent car ils s'estiment oubliés. La violence dont ils font preuve leur permet, au moins, de pousser les autres à parler d'eux. Ils ont l'impression de devenir ainsi les héros d'un soir, des gens importants. Ce n'est pas pour rien que le terme *« Intifada »* revient souvent dans leur langage pour qualifier leurs actions. D'ailleurs, plusieurs de ceux que j'ai interrogés au sujet des violences urbaines me racontaient qu'ils *« allumaient le feu et tapaient sur les keufs pour passer dans le journal de 20 heures »*. Ils se disent *« fiers »* quand les médias parlent de leur cité. Ces cités oubliées et leur population n'existent, en effet, que lorsqu'il y a de la violence. Et cela nul ne peut le nier. Les jeunes estiment alors qu'il faut *« cogner pour se faire respecter »*.

Une analyse des formes de violence et du comportement des jeunes des banlieues permettra de comprendre davantage les messages que ces jeunes veulent transmettre à la société. Concernant les langages qui sont employés dans les banlieues, il est clair que ces jeunes ont voulu instaurer une *« langue »* qui leur est propre. Une *« langue »* rebelle qui leur ressemble. Il serait donc intéressant de se pencher, ne serait-ce que superficiellement, sur leur manière de parler, puisqu'il y a aujourd'hui ce qu'on pourrait appeler une *« langue des banlieues »*. De prime abord, il y a lieu de constater que l'arabe est de plus en plus présent dans le langage usité dans les banlieues. Un parler dans lequel on retrouve également la connotation religieuse : *« Je le jure sur La Mecque »* ou : *« Je le jure sur la tête du Coran »* sont désormais utilisés d'une manière tout à fait naturelle par des *beurs* qui, pourtant, sont loin de maîtriser la langue arabe et encore moins les préceptes de l'islam. Ce sont des formules qu'on retrouve même dans la bouche de certains jeunes Français dits *« de souche »*.

Quelle explication donner à l'utilisation de ce nouveau vocabulaire chez les jeunes ? Il est clair que le recours à l'arabe ou, tout au moins, à des mots en arabe dénote, on ne peut plus clairement, que les jeunes issus de l'immigration veulent retourner - consciemment ou pas - vers leurs origines. L'utilisation de mots liés à la religion dénote, elle aussi, la volonté de se distinguer et d'affirmer son identité, voire de marquer sa différence. Les *Inch Allah* (Si Dieu le veut), *Hamdoulilah* (Je remercie Dieu), *Essalamou alaïkoum* (Que le salut soit sur vous) envahissent depuis quelques années la langue française et font partie désormais du langage à la mode chez les jeunes. Cela devient d'ailleurs un véritable phénomène de société. Nous n'allons pas évoquer toute cette panoplie de mots vulgaires empruntés à l'arabe et qui, aujourd'hui, a largement sa place dans le langage des jeunes, tous les jeunes. *Idem* pour la pratique de l'islam. À travers le retour à la religion, certains jeunes *beurs* cherchent à retrouver une histoire qui n'est pas enseignée à l'école. Une histoire où, leur disent les prédicateurs, l'Arabe, ou plus précisément le musulman, était fort, libre, voire dominateur. La recherche d'un tel discours révèle certainement un complexe d'infériorité qui traverse la communauté musulmane et le monde musulman d'aujourd'hui. Dans la pratique de la religion et la fréquentation des mosquées et autres salles de prière, les jeunes ont l'impression de recouvrer, d'abord, une identité mais, peut-être surtout, une dignité. Ces jeunes *beurs* qui reviennent à la religion exercent non pas un islam tolérant mais se dirigent presque directement vers l'intégrisme. Comme le souligne, à juste titre, Olivier Roy, directeur de recherches au CNRS et spécialiste de l'islam politique, dans la préface de son livre *Généalogie de l'Islamisme* (Hachette Littérature) : *« Les jeunes beurs français qui retournent à l'islam le font en rupture tout autant avec l'islam de leurs parents qu'avec la société française. »* Il est évident que cette attitude témoigne du mal-être qui anime beaucoup de *beurs* qui ne se reconnaissent, comme je l'ai déjà précisé, ni dans la société française ni dans les valeurs véhiculées par leurs parents.

Le comportement de certains jeunes conforte ce point de vue. Depuis les événements du 11 septembre, même des rappeurs issus des quartiers populaires se sont identifiés aux terroristes et aux adeptes d'*Oussama ben Laden.* À Marseille, le groupe *D. J. Had* (prononcer *djihad*) s'est distingué par des paroles qui mettent en exergue le marasme social que je suis en train d'évoquer dans cet ouvrage. *« L'heure de la revanche a sonné, Oussama va encore frapper, il va faire pencher la balance en faisant péter la France »*, est le refrain d'une des chansons de ce groupe qui connaît un franc succès auprès d'une partie de la jeunesse marseillaise. Un autre groupe de Vénissieux, qui se fait appeler *« Kamikaze »* exploite la même veine. Les paroles de la chanson *« Guerre sainte »* sont aussi révélatrices que les précédentes : *« Tous avec Oussama, c'est la guerre au nom d'Allah. Tous avec Oussama, sur les cathos c'est la fatwa. »* Le choix des titres, des paroles et des noms montre également que ces jeunes cherchent à provoquer, à choquer, à narguer la société, mais pas seulement, puisque ce genre de textes montre tout de même une certaine adhésion de ces rappeurs aux projets macabres d'*Oussama ben Laden.*

Il faut reconnaître que la politique actuelle en matière d'intégration nie la spécificité culturelle de la communauté musulmane dans le sens qu'elle ne prend pas en considération certains aspects dont le *« Français musulman »* ne saurait se défaire quand bien même il serait parfaitement intégré. Il est par exemple curieux de constater que les Français dits *« de souche »* connaissent peu de chose sur la religion musulmane et sur le monde arabo-musulman. Théoriquement, chaque Français, quelle que soit son origine, devrait connaître un minimum de choses sur les identités, les religions et les cultures qui composent aujourd'hui sa société. Or, on ne continue de reconnaître en France que les aspects liés à la civilisation judéo-chrétienne. La dimension musulmane est magistralement mise de côté. On ne veut pas prendre en considération la mutation vécue par cette société et les nouvelles donnes qui la caractérisent désormais. Il n'est pas question ici de plaider pour une quelconque revendication identitaire, mais de souligner que les aspects non assumés par l'État seront pris en charge par des militants intégristes qui n'hésiteront pas à instrumentaliser les différents problèmes dans le but de créer un fossé entre la société française et la communauté musulmane.

L'autre question qu'il faut impérativement traiter est celle liée à la guerre d'Algérie. N'est-il pas aberrant de constater que cette page de l'Histoire ne figure presque pas dans les manuels scolaires. *« La France a des choses à cacher »*, m'ont répondu des jeunes d'origine algérienne avec lesquels j'avais abordé la question. Les récentes sorties médiatiques de militaires français ayant reconnu la pratique de la torture en Algérie ont parfois un effet négatif sur certains jeunes. On est passé d'un mutisme qui a duré quarante ans, pour aller vers une véritable campagne médiatique. Les jeunes y découvrent souvent, stupéfaits, ce qu'a été la guerre d'Algérie. Plusieurs d'entre eux ont abordé, *ex abrupto*, le sujet alors qu'il n'était même pas question que j'en parle avec eux. *« La France a toujours voulu du mal aux Noirs et aux Arabes »*, m'a lancé un adolescent de quinze ans qui a avoué avoir davantage de haine en raison de ce passé honteux que la France officielle a visiblement du mal à assumer.

Certains pourraient penser que le fait d'évoquer la propagation de l'idéologie islamiste dans les banlieues et les autres quartiers populaires risque de stigmatiser ces banlieues et leurs habitants. Cette appréhension est légitime, d'autant plus que, dans la plupart des quartiers, l'idéologie intégriste n'est pas directement visible. Le discours intégriste apparaît dans la bouche de certains jeunes qui, parfois, ne se rendent même pas compte de la portée de leurs propos. On le constate aussi à travers des actes bien définis. Certains jeunes musulmans véhiculent des propos antisémites extraits du discours intégriste. Il ne serait pas inutile de rappeler l'amalgame entretenu sciemment par les prédicateurs entre le sionisme et les juifs en général. La majorité des jeunes *beurs* pensent que tous les juifs sont sionistes et que tous les juifs soutiennent la politique d'Ariel Sharon. Cet amalgame malsain vise à importer en France le conflit proche-oriental et à créer un climat de tension entre les communautés juive et musulmane. Qui aurait intérêt aujourd'hui à attaquer des synagogues sinon des extrémistes ? Et qui aurait intérêt de même à attaquer des mosquées sinon d'autres extrémistes ?

Ce qui est terrifiant, c'est le fait de constater que des jeunes musulmans ne se rendent même pas compte de la dangerosité de leur discours. En fait, le propos antisémite a été tellement banalisé au sein de la communauté musulmane qu'il est aujourd'hui difficile de faire admettre à un jeune *beur* que certains termes sont, d'abord, contraires à la morale et, ensuite, aux règles de la République. Il est courant d'entendre un jeune *beur* traiter, par exemple, de *« sale juif »* un autre musulman tout simplement parce qu'il croit que ce n'est là qu'une *« simple insulte »*. Les islamistes, naturellement, ajoutent leur grain de sel pour répandre un tel vocabulaire au sein de la communauté. À chaque fois que l'actualité internationale le permet, surtout celle du Proche-Orient, les intégristes tentent d'importer le conflit en France. C'est pour eux un excellent fonds de commerce, d'autant plus que ce drame est le sujet de toutes les passions entre juifs et musulmans.

Le but recherché par les intégristes musulmans, à travers toutes ces manipulations, consiste, sans nul doute, à pousser les jeunes à travailler sur leurs spécificités culturelles et religieuses afin de passer du statut de *« victime »* à celui de *« dominant »*. En effet, pour inciter le jeune à verser dans le terrorisme, les intégristes leur renvoient cette image de *« musulman victime »* au Proche-Orient et leur proposent celle de *« musulman dominant »*, incarnée par *Ben Laden* et ses émules. C'est à travers ce genre de manipulation de l'esprit que les islamistes recrutent de nouveaux kamikazes.

CHAPITRE 2

L'islamisme : un danger planétaire

Il n'y a pas aujourd'hui un continent qui ne soit menacé, de près ou de loin, par le danger islamiste. C'est au nom d'*Allah* que des groupes intégristes, agissant aux quatre coins de la planète, tentent d'islamiser ou de réislamiser non seulement les pays musulmans mais aussi le monde occidental en utilisant – dans la majeure partie des cas – la violence et le terrorisme. Pour justifier, auprès de l'opinion musulmane, leurs actions destructrices, les intégristes tirent vers eux une couverture *« légitime »* : celle du *« djihad »*.

Par *djihad*, il faut comprendre guerre sainte et ce selon l'interprétation volontairement incomplète et biaisée proposée par les intégristes musulmans. En réalité, le mot *djihad* veut littéralement dire *« effort »*. Un effort que chaque musulman est censé accomplir avant tout sur lui-même dans le but d'atteindre le bien et d'éviter le mal, et dans le but de s'approcher le plus possible de la perfection et de s'éloigner de la dérive. En réalité, *le djihad* – dans sa signification de guerre sainte – n'est utilisé que comme dernier recours ou dans le cadre de la légitime défense. Nous sommes donc loin de la situation actuelle où les islamo-terroristes utilisent leur *djihad* comme unique solution pour renverser des régimes, islamiser des sociétés par la force ou tout simplement pour terroriser ceux qui ont une conception de la vie différente de la leur.

Depuis quelques années, les courants islamistes les plus radicaux sont ceux qui se revendiquent de l'islam *sunnite* bien que les extrémistes *chiites*[1] soient tout aussi dangereux. Cela s'explique principalement par le fait que les musulmans sont représentés par une écrasante majorité de *sunnites* mais aussi par le fait que plusieurs théologiens *sunnites* ont donné à la *« guerre sainte »* une dimension sacrée, même quand cette guerre n'est pas justifiée.

En France, ce sont les courants *sunnites salafistes* qui occupent le terrain de l'islamisme. Ces derniers se revendiquent de la *Salafiya*, une sorte de réforme lancée à la fin du XIXe siècle par le Perse *Djamel Eddine Al-Afghani* qui prônait un retour sur les pas des ancêtres du monde musulman, ayant vécu durant les premiers siècles de l'ère *hégirienne*[2]. Les *salafistes* rêvent de donner naissance à une cité semblable à Médine au temps du prophète *Mohamed* et des quatre premiers *califes*[3], qui gouvernèrent les musulmans. Une période considérée par les activistes religieux comme celle de *« l'islam pur »*. D'ailleurs, le mot *salaf* veut littéralement dire « ancêtre ». Les *salafistes* puisent leur doctrine dans les travaux d'*Ibn Taimiya,* dans ceux de *Sayed Qutb* et du *wahhabisme* saoudien. Les *salafistes* occupent aujourd'hui en France une place importante au sein de la communauté musulmane et tentent perpétuellement de l'endoctriner en visant notamment des jeunes manquant de repères. Pour avoir un aperçu sur les *salafistes,* on notera que pratiquement tous les terroristes qui sévissent actuellement se revendiquent de ce courant, à commencer par *Oussama ben Laden.* Cela dit, on ne peut pas parler du problème de l'islamisme en France sans expliquer sa percée à travers le monde et sans évoquer les repères historiques qui l'ont vu naître.

1. *Chiites :* adeptes du chiisme, la dissidence de l'islam sunnite.
2. Hégirienne, relatif à l'*Hégine*, le calendrier musulman.
3. *Calife :* successeur du Prophète. Chef musulman qui dirige un *califat,* c'est-à-dire la Nation musulmane.

Percée de l'islamisme dans le monde

Le problème de l'islamisme est devenu, depuis quelques années, un problème international. C'est un fait. Cela dit, malgré son caractère transfrontalier, cette idéologie extrémiste et ses dessous représentent encore un mystère pour les non-initiés, c'est-à-dire pour les sociétés occidentales. Évoquer l'islamisme sans le définir serait, par conséquent, incomplet. Avant de se lancer dans l'exercice, il faut souligner, de prime abord, que les islamistes ne se définissent pas comme tels, mais uniquement comme des *« musulmans »*. Le terme *« islamiste »* n'existe d'ailleurs même pas dans le vocabulaire arabe. Les intellectuels, journalistes et autres hommes politiques l'ont inventé au cours des dernières décennies. La plupart des dictionnaires n'en donnent que des définitions approximatives. *« Propagande en faveur de l'islam »*, peut-on lire, par exemple, dans *Le Robert.* Il faut préciser que par le mot *« islamiste »*, je désigne des intégristes – ou des extrémistes – musulmans. Il ne faudra surtout pas confondre avec les musulmans qui, je le répète encore une fois, sont majoritairement contre cette doctrine extrémiste. Souvent, ils la combattent.

L'islamisme – ou l'intégrisme musulman – est une vision extrémiste des textes qui régissent la religion musulmane. Une vision qui permet l'utilisation de celle-ci à des fins politiques. Cette lecture déformée du texte coranique prône un nécessaire retour aux principes fondateurs de la religion en faisant fi de l'histoire de l'humanité, de l'évolution des mœurs et des traditions, des révolutions menées par l'Homme à travers les âges et des réalités actuelles du monde civilisé. Partant d'un concept qui dicte que *« le texte coranique est valable en tout temps et en tout lieu »*, les intégristes musulmans versent dans un conservatisme qui provoque des décalages flagrants avec la vie contemporaine. Des décalages qui, souvent, ne tardent pas à se transformer en source de conflits.

Contrairement aux musulmans pratiquants, les islamistes vont au-delà de la pratique religieuse et ont pour objectif la conquête du pouvoir et l'instauration, par la force s'il le faut, de la *charia*, la loi islamique, en la promulguant comme mode de gestion exclusif. Ils rejettent en bloc tout autre mode de gouvernance et n'hésitent pas à déclarer *« impie »* tout ce qui ne se réfère pas à cette même *charia*. Ce qui est appelé *charia* – ou encore loi islamique – n'est en réalité que le fruit d'une interprétation humaine du Coran qui avait été faite par des religieux ayant vécu entre le VIIIe et le XIIIe siècle. Le terme *« charia »* qui reste un mot mystique, veut dire la « voie qui mène vers Dieu ». Néanmoins, ce que les islamistes qualifient comme tel n'est autre qu'une œuvre humaine puisque l'interprétation du Coran, durant les siècles ayant suivi l'avènement de l'islam, avait été faite par des imams et autres exégètes qui ont donné une interprétation en prenant en considération les réalités politiques, sociales, économiques et culturelles de leur temps. C'est cette interprétation qui a été par la suite sacralisée par les différents courants de la religion musulmane. Les exégètes musulmans refuseront – et continuent de refuser – toute réforme ou autocritique visant l'interprétation coranique réalisée il y a de cela plusieurs siècles. Cette sacralisation empêche aujourd'hui les musulmans de penser que ces lectures littérales, inintelligentes, archaïques, irrationnelles du Coran sont aujourd'hui complètement dépassées. Ceux qui le pensent oseront rarement l'avouer publiquement de peur de subir des représailles et de s'attirer les foudres des foules musulmanes.

Sur le terrain, ces lectures dépassées et archaïques se traduisent par la mise en place de pratiques tout aussi dépassées et contradictoires avec la modernité. Ainsi, les intégristes interdisent la mixité, la télévision, la musique, le théâtre, et parfois même l'utilisation des cuillères et des fourchettes ainsi que d'autres ustensiles qui font partie de l'environnement de l'être moderne. Il n'existe néanmoins pas un seul visage de l'islamisme. La version la plus dure nous a été présentée, par exemple, par les taliban qui sont arrivés jusqu'à interdire aux enfants de jouer aux cerfs-volants, aux femmes le droit au rire ou aux hommes le port du pantalon. La version la plus souple nous est donnée par certaines associations islamistes qui militent en France en respectant la loi. Celles-ci ont choisi l'entrisme pour essayer de modifier les choses en leur faveur, de l'intérieur même du système laïque.

Si certains fondamentalistes sont plus *« souples »* que d'autres, cela ne veut par dire pour autant qu'ils sont moins dangereux que les *« radicaux »*. Il arrive, en effet, que les intégristes musulmans nuancent les interdits afin d'essayer de s'adapter à leur environnement direct dans le but de rassurer. Généralement, ils adoptent une telle attitude lorsqu'ils ne sont pas en position de force. Cela relève davantage de la ruse que de la tolérance. Cela relève également davantage d'une stratégie que d'une ligne de conduite. Il serait dangereux de sombrer dans des clichés qui visent à faire croire à l'opinion qu'il existerait des islamistes *« radicaux »* et d'autres *« modérés »*. C'est une grossière erreur, ou une vulgaire manipulation, qui tend à nous faire admettre que certains intégristes seraient fréquentables et d'autres pas. L'exemple le plus flagrant concerne l'Arabie saoudite. Certains pensent que le régime qui gouverne ce pays est plus modéré que celui des taliban. Si l'on se réfère au fait que, dans le premier pays, on exécute les condamnés à l'amputation dans des cliniques modernes sous anesthésie générale, alors que, dans le second, on coupait le poignet à vif dans un stade de football devant des milliers de personnes, on pourrait en conclure que l'Arabie saoudite pratique une barbarie *« civilisée »*, alors que les taliban pratiquaient la barbarie tout court.

Cela dit, si la plupart des islamistes rejettent la modernité en bloc, ils n'hésitent pas néanmoins à s'adapter à elle et à l'utiliser quand elle sert leurs intérêts. Ainsi, ils suivent de très près l'évolution des technologies et tentent d'en tirer profit dans leur conquête du pouvoir ou dans la préparation de leurs actions abjectes. Les armes modernes, les téléphones portables, les voitures, les différents moyens de communication et les ordinateurs sont pour eux des outils très prisés et nécessaires. Si *Ben Laden* prône un islam archaïque, cela ne l'empêche pas pour autant de chercher à acquérir des armes de destruction massive, d'utiliser le téléphone par satellites et de faire transiter son argent par les banques occidentales. Le rejet de la modernité se traduit davantage par un rejet du mode de vie des sociétés modernes qui ont consacré l'épanouissement de la femme, la démocratie, la liberté d'expression et le respect des Droits de l'homme. Des concepts auxquels l'islamisme ne pourrait s'adapter mais qu'il utilise toutefois dans sa conquête planétaire du pouvoir.

Si cette idéologie extrémiste trouve son essence dans une interprétation rigide du Coran, elle s'inspire également du comportement, des habitudes et de la tradition du Prophète *Mohamed*. C'est ce qui est appelé la *sunna.* Cette relation qu'entretiennent les islamistes avec la *sunna* n'est autre qu'un suivisme, une attitude mimétique qui empêche de prendre en considération les mutations vécues par l'humanité. Le Prophète n'a jamais demandé aux fidèles de vivre en marge de leur temps. Or, les intégristes musulmans ont choisi de l'imiter à la lettre et de suivre bêtement des habitudes qui prévalaient entre le VIe et le VIIe siècles. Ils se laissent, par exemple, pousser une barbe hirsute parce que *Mohamed* avait demandé à ses compagnons de ne pas se raser. Ils mettent du *khôl* sur les yeux parce que *Mohamed* s'en mettait. Ils boivent de l'eau en position accroupie parce que le Prophète faisait de même. Ils encouragent la polygamie parce que le Prophète était polygame. Ils portent *djellaba* et babouches parce qu'ils croient que c'était l'accoutrement de l'époque. L'essentiel pour eux est d'évoluer dans un environnement socioculturel qui soit le plus proche possible de la période de l'avènement de l'islam. Ils tentent de replonger dans une période révolue, comme s'ils voulaient remonter le temps. Leur comportement est d'ailleurs, à plus d'un titre, semblable à celui des sectes aux visées apocalyptiques. Chez eux, il est davantage question de mort que de vie.

Si je compare le comportement des activistes religieux à celui des membres de certaines sectes qui ont défrayé la chronique au cours de ces dernières années, c'est en raison de comportements similaires adoptés par les uns et les autres. À commencer par la fascination qu'ils vouent au chef spirituel ou au chef de guerre comme c'est le cas pour *Oussama ben Laden* ou, plus encore, pour des chefs religieux plus charismatiques comme *Youssouf Al-Qaradawi* ou *Abou Bakr Al-Djazaïri* pour ne citer qu'eux. Ces chefs tiennent, en quelque sorte, le rôle du gourou qui ne dit que la vérité, qui sait tout et qui est le meilleur en tout. Les chefs islamistes sont consultés, vénérés et écoutés. Ce sont eux qui, en réalité, donnent le *la* à tous les intégristes sur le plan spirituel. Ce sont eux qui disent ce qui est licite et ce qui ne l'est pas, ce sont eux également qui codifient les relations au sein de la mouvance islamo-terroriste.

Sur le plan relationnel, les intégristes musulmans ne fréquentent jamais les non-islamistes, hormis s'ils cherchent à les endoctriner ou s'ils doivent en tirer un profit quelconque. Ils s'appuient sur un verset du Coran qui stipule : *« Tu ne trouveras pas de gens croyant en Dieu et au jour dernier, et témoignant de l'affection à ceux qui s'opposent à Dieu et à son prophète, seraient-ils leurs pères, leurs fils, leurs frères ou appartiendraient-ils à leur clan »* (sourate LVIII, verset 22).

En suivant à la lettre ces versets coraniques et en leur donnant une interprétation orientée, des fanatiques coupent aujourd'hui tout contact et tout lien, y compris avec leurs propres familles si ces dernières n'adoptent pas une attitude fondamentaliste. En France, les *beurs* qui ont suivi la voie de l'intégrisme ont rompu presque tous les liens avec leurs amis d'enfance, leurs voisins et leurs proches. Il leur arrive de considérer ces derniers comme des *« mécréants »*, et même, parfois, comme des ennemis à éliminer. C'est lors de l'endoctrinement que certains prédicateurs islamistes appellent les adeptes à rompre avec leur passé, leurs relations féminines et leur entourage. Il leur arrive de leur demander d'arrêter de travailler, surtout si l'employeur n'est pas musulman. La plupart des terroristes n'ont pas hésité à rompre avec leurs parents, parce que ces derniers n'adhéraient pas à la démarche et ne devenaient pas des terroristes ou des soutiens au terrorisme. Les prédicateurs conseillent néanmoins aux adeptes de rechercher le consentement parental avant de se lancer dans le *djihad*, mais s'il n'est pas accordé, on leur demande d'ignorer l'avis des parents, car, disent-ils : *« Le djihad est au-delà des liens du sang. »* De toute manière, il faut garder à l'esprit qu'en suivant la voie de l'islamisme les jeunes *beurs* cherchent à s'éloigner à la fois de l'islam traditionnel – celui de leurs parents – de la société française et de la société de leur pays d'origine.

En réalité, les islamistes préparent chaque nouveau membre à vivre dans une semi-clandestinité et ce dans la perspective de l'action armée. L'endoctrinement apprend aussi aux nouveaux adeptes à s'éloigner des loisirs et des distractions. Ni la musique, ni les sports (seuls les sports de culturisme et de combat sont admis), ni la fréquentation des discothèques et des cafés ne sont tolérés. La vie du fondamentaliste doit être centrée exclusivement sur l'apprentissage idéologique et politico-militaire. Les loisirs et autres lieux de distraction ne sont tolérés que lorsqu'ils permettent à un terroriste de mener à bien sa mission ou son opération. Les prédicateurs proches des réseaux terroristes encouragent, par ailleurs, les étudiants à approfondir leurs connaissances et les incitent à choisir les branches scientifiques. Cela s'explique : ce sont les ingénieurs, les physiciens et les chimistes qui sauront fabriquer des armes et des explosifs. Ce n'est pas un hasard si plusieurs étudiants ont rejoint, au cours de ces dernières années, les rangs de l'Internationale islamiste, y compris en France.

Tout comme les membres de certaines sectes, les intégristes musulmans adoptent des signes distinctifs, même dans ce qui est banal : ils s'habillent généralement de la même manière, mangent avec la main droite uniquement, refusent d'utiliser des couverts, rentrent aux toilettes en faisant devancer la jambe gauche, à la mosquée avec la jambe droite, ils ne saluent jamais les non-musulmans, ne touchent jamais la main d'une femme hormis celle de leur(s) épouse(s), ils boivent accroupis, etc.

En copiant à la lettre des comportements ancestraux, ils oublient que l'islam, comme toute autre religion, vise, avant tout, à organiser la vie terrestre. Or, au lieu d'organiser cette vie terrestre, l'islamisme la désorganise. Et en la désorganisant, l'intégrisme religieux est devenu la principale source de conflits dans le monde (Tchétchénie, Cachemire, Philippines, Pakistan, voire les Balkans) mais aussi la principale cause de la *fitna,* la discorde, entre musulmans (Algérie, Égypte, Afghanistan, etc.), alors que l'islam met en garde ces derniers contre les méfaits de la discorde. Dans l'un de ses *hadith*, *Mohamed* a dit : *« La sédition est dormante. Est maudit celui qui la réveille »*, c'est-à-dire qu'il a maudit ceux parmi les musulmans qui cherchent à créer la discorde ou la sédition. Les islamo-terroristes, naturellement, n'accordent aucune attention à ce genre de *hadith* et préfèrent prendre en considération ceux qui ont été dits en périodes de guerre et de conflit.

L'intégrisme musulman existe, en réalité, depuis l'avènement de l'islam. Il a néanmoins pris des formes diverses. À l'époque du Prophète, il se caractérisait par le zèle dont ont fait preuve certains nouveaux convertis. En effet, *Mohamed* dut à maintes reprises tempérer les ardeurs bellicistes de certains de ses compagnons. Opprimés par des *Quraychites*[1], opposés à la prophétie de *Mohamed*, certains des premiers compagnons du prophète cherchaient l'affrontement. Naturellement, à cette époque, il était question de légitime défense. Malgré les attaques incessantes dont ils étaient l'objet et l'oppression dont ils furent les victimes, *Mohamed* avait interdit le recours aux armes et ordonné aux plus faibles parmi ses fidèles de quitter La Mecque afin d'échapper à l'oppression et d'éviter ainsi une confrontation entre membres d'une même tribu. Ce ne sera que bien plus tard, lorsque *Mohamed* et les musulmans s'installeront à Médine, qu'il leur permit d'attaquer une caravane ennemie pour récupérer les biens dont ils avaient été spoliés.

D'autres vérités historiques nous révèlent que la dérive de certains musulmans ne date pas d'aujourd'hui. Quelques heures après la mort du Prophète, en 632, les luttes de pouvoir et de clans poussaient déjà les musulmans vers le chemin de la discorde. Quatre *califes* allaient succéder à *« l'envoyé de Dieu » : Abou Bakr Al-Seddik, Omar Ibn Al-Khattab, Othmane Ibn Äffane* et *Ali Ibn Abi Taleb.* Si les deux premiers *califats* se déroulèrent, plus ou moins, sans heurts, le troisième calife, *Othmane,* fut assassiné en 656, ce qui allait inaugurer une *« tradition »* de l'assassinat politique chez les extrémistes musulmans. *Ali* qui succéda à *Othmane* trouva à son tour la mort en 661. Ce dernier calife fut d'ailleurs à l'origine de toutes les divisions au sein du monde musulman et à l'origine du conflit politico-idéologique qui oppose, à ce jour, les *sunnites* et les *chiites.* Ces derniers se réclamant du dernier *calife* estiment que la prophétie devait revenir à *Ali* et non à *Mohamed.*

Le mot *« assassin »*, qui a pour origine le mot arabe *« Haschischins »*, désigne une vieille secte intégriste dont les membres étaient tous des dissidents du mouvement *ismaélien* à l'intérieur de l'islam *chiite.* La création de cette secte avait répondu à une lutte de pouvoir entre musulmans extrémistes. Les *Haschischins* n'hésitaient pas à appeler à l'élimination physique de leurs adversaires et de leurs ennemis. Ils

1. Quraychites : membres de la tribu *Quraych*, dont était originaire *Mohamed. Quraych* gouvernant à l'époque La Mecque.

s'attaquaient aux musulmans *sunnites* et aux croisés chrétiens qu'ils massacraient sans aucune pitié. Le comportement des membres de cette secte est semblable à celui des extrémistes d'aujourd'hui. Outre les *Haschischins*, d'autres groupes hérétiques de l'islam ont, eux aussi, adopté une telle ligne de conduite. Il s'agit des *Kharidjites*, des *Mughiriya*, des *Nizaris*, du groupe de la *Mukhamissa* ou, celui de la *Mansouria*. L'islam des premiers siècles a vu apparaître, selon les hérésiographes, soixante-douze sectes extrémistes ou carrément hérétiques [1].

Pendant les premiers siècles de l'islam, il y avait déjà des courants et des théologiens qui prônaient une ligne intransigeante. *Ibn Taimiya* (1263-1328), un théologien scolastique d'origine syrienne, a été incontestablement l'un des artisans de l'idéologie islamiste. C'est lui qui fut le premier à faire du *djihad*, une *« quasi-obligation pour tout musulman »* en affirmant, par exemple, que *« la mort en martyr pour l'unification de tous les hommes dans la cause de Dieu et sa parole constitue la mort la plus heureuse, la plus facile, la plus vertueuse et la meilleure »*. Surnommé le *« sabre de l'islam »*, *Ibn Taimiya* prêchait pour un *« retour aux sources »* en relayant l'idéologie *hanbalite*, référence à l'imam *Ibn Hanbal* qui créa au IXe siècle une des quatre écoles de l'islam *sunnite* : *le hanbalisme* [2]. Ce courant prône une maxime stricte selon laquelle *« il n'y a rien de nouveau en islam après le prophète Mohamed »* ; en d'autres termes, il n'y a aucune autre source de loi hormis le Coran et la *sunna*. C'est-à-dire que la religion musulmane ne saurait accepter une quelconque évolution ou réforme. C'est lui qui interdira l'*Ijtihad* [3] et qui s'opposera aux interprétations ésotériques. Ce n'est donc pas un hasard si *Ibn Taimiya* reste, à ce jour, l'une des références de l'islamisme contemporain et l'inspirateur de la grande partie des intégristes ayant versé dans le terrorisme. Ses ouvrages continuent d'inonder les librairies islamistes, y compris en France.

1. In *Terrorisme et Violence politique* n° 2, août 1991.
2. Il existe quatre rites dans l'islam sunnite : le hanbalite, le hanafite, le chafiite et le malékite.
3. *Ijtihad* : l'effort dans l'interprétation coranique et l'interprétation de la *sunna*.

Cependant, la plupart des historiens et des spécialistes de l'islam s'accordent à dire que l'islamisme politique a vu le jour – du moins dans sa forme contemporaine – en Égypte, au XXe siècle, à la fin des années vingt. Le fondateur de ce nouveau courant s'appelle *Hassan Al-Bennâ* (1906-1949), un instituteur égyptien qui donnera naissance à la célèbre confrérie des Frères musulmans. Au départ, celle-ci a, elle aussi, des allures de secte qui ne tardera pas néanmoins à gagner en popularité. Elle sera la première à appeler au *djihad* contre l'occupation britannique. Elle prônera, plus tard, l'instauration de la *dawla islamiya* (l'État islamique) et l'application stricte de la *charia*. Durant les années quarante, *Hassan Al-Bennâ* soulèvera les foules contre le roi *Farouk*. C'est la période durant laquelle naîtra réellement le terrorisme islamiste dans sa version actuelle. Basée sur les assassinats individuels et les attentats à la bombe, la violence deviendra, au fil des années, un mode d'expression pour les intégristes musulmans. *Hassan Al-Bennâ* sera finalement exécuté en 1949, dans des conditions obscures, et deviendra ainsi le premier *« chahid »* (martyr) de la cause islamiste. Il ne cessera d'ailleurs d'être un symbole pour les différents mouvements intégristes qui naîtront plus tard à travers le monde.

Parallèlement, un autre théoricien de l'islamisme mènera une action similaire en Inde puis au Pakistan, au lendemain de la naissance de ce pays. *Abou El Âla Al Mawdoudi* (1903-1979), un journaliste indien devenu pakistanais après la création de ce pays en 1947, créera *Al Jamaat Al Islamiya* (les Groupes islamiques), un mouvement intégriste similaire à celui des Frères musulmans et finira, avant sa mort, par impulser la proclamation de la *charia* au Pakistan et faire de ce pays un État islamiste.

La mort de *Hassan Al-Bennâ*, n'entraînera pas néanmoins celle des Frères musulmans. Après la chute de la monarchie égyptienne, ceux-ci vont élargir leur base et recruter au sein de toutes les couches sociales. Le Président *Djamel Abdennaceur*, plus connu en Occident sous le diminutif de *Nasser*, sera leur pire adversaire après avoir pourtant composé avec eux lors de son ascension au pouvoir en 1954. Il choisira la répression tous azimuts, emprisonnant les uns et éliminant les autres ; il deviendra ainsi leur ennemi juré et il ne tardera pas à être comparé au Pharaon [1]. Durant la période nassérienne, l'islamisme allait donner naissance à une autre figure emblématique : *Sayed Qutb* (1906-1966), cofondateur des Frères musulmans et partenaire de *Hassan Al-Bennâ*, deviendra l'idéologue de la confrérie. Il l'est toujours d'ailleurs. *Qutb* a repris la doctrine élaborée par son prédécesseur et l'a radicalisée. Il prônait le *djihad*, à longueur de prêches et considérait la plupart des sociétés comme étant *« impies »* et *« apostates »*. Il fut finalement exécuté en 1966 sur ordre du Président égyptien qui l'avait accusé de complot contre l'État.

La mort de *Nasser* et l'arrivée au pouvoir d'*Anouar El-Sadate*, en 1970, allaient donner un second souffle aux Frères musulmans. Le nouveau Président égyptien avait décidé de libérer les prisonniers et de légaliser le mouvement. Il avait été lui-même, dans sa jeunesse, un sympathisant de la confrérie, tout comme *Yasser Arafat*, le chef de l'Autorité palestinienne, soit dit en passant. Les Frères musulmans utiliseront cette période pour réorganiser leurs rangs, propager leur doctrine et tenter de peser sur la vie politique égyptienne mais aussi sur celle de l'ensemble des pays musulmans. Ainsi, des sections de la confrérie intégriste ouvriront discrètement leurs portes et propageront *« la bonne parole »* en Syrie, en Turquie, au Soudan, en Palestine, en Arabie saoudite et dans plusieurs pays du Golfe. Ils trouveront également un point de chute au Maghreb, en Algérie notamment. Ce pays fraîchement indépendant, après une colonisation française qui a duré cent trente-deux ans, veut arabiser sa société et se retrouver une identité axée sur des principes arabo-musulmans. Les nouveaux maîtres d'Alger, très liés au régime du Caire, feront alors appel à des instituteurs égyptiens. Ils le regretteront vingt ans plus tard, loin de se douter que le corps enseignant égyptien était largement infiltré par l'idéologie islamiste. Ce n'est d'ailleurs pas un hasard si *Abassi Madani* (professeur de sociologie) et *Ali Benhadj* (instituteur), les deux principaux leaders de la mouvance islamiste algérienne, sont issus du corps enseignant.

---

1. La comparaison est faite en raison de la tyrannie dont avait fait preuve le Pharaon à l'égard de nombreux prophètes, notamment Moïse.

Durant les années soixante-dix, après *Hassan Al-Bennâ* et *Sayed Qutb*, les Frères musulmans vont connaître d'autres prédicateurs aussi virulents que leurs premiers maîtres à penser. *Abdelhamid Keshk*, un imam aveugle, sera l'un d'eux. Il passera une bonne partie de sa vie en prison mais cela ne l'empêchera pas d'aiguiser la parole des fondamentalistes et d'acquérir une célébrité dans tout le monde arabe. Ses prêches sont enregistrés sur des cassettes et continuent de circuler. Ils sont d'ailleurs vendus aujourd'hui librement dans les librairies musulmanes en France comme celles situées dans des quartiers populaires tels que Belleville, à Paris, ou encore dans certains marchés hebdomadaires. Dans le discours d'*Abdelhamid Keshk*, on retrouve cette rare virulence visant les sociétés occidentales, la communauté juive et les régimes arabes. Au nom de la liberté d'expression, les autorités françaises tolèrent la propagation de ce genre de discours, dont le verbe reste dangereux à plus d'un titre, puisqu'on y retrouve aussi bien les propos antisémites que l'appel au meurtre ou l'incitation à la rébellion. Lors du mois de *ramadan* 2001, alors que je flânais à Belleville pour les besoins de cette enquête, mon attention fut attirée par le son d'un prêche particulièrement virulent diffusé par les haut-parleurs d'une radiocassette appartenant à un marchand ambulant qui vendaient – au su et au vu de tout le monde – des cassettes véhiculant un message islamiste des plus radicaux. Le prêche en question n'était rien d'autre qu'une apologie des attentats du 11 septembre. Une patrouille de CRS qui passait à proximité ne se sentit nullement gênée par cet aboyeur qui appelait au meurtre. Naturellement, les membres de cette patrouille ne comprenaient rien au message véhiculé par le prêche et, visiblement, ils n'avaient pas reçu d'instruction pour saisir ce genre de marchandise.

Cela dit, et pour revenir à mon propos, la paix entre le Président *Sadate* et les Frères musulmans fut de courte durée. La violence s'installait en Égypte progressivement et les assassinats succédaient aux arrestations qui succédaient aux assassinats. De nouveaux groupes de plus en plus radicaux voyaient le jour. L'Égypte comptait plus de deux millions d'islamistes à la fin des années soixante-dix, et ils ne pardonneront jamais à *Anouar El-Sadate* d'avoir signé une paix avec l'État d'Israël, l'ennemi de toujours. *Sadate* fut finalement assassiné en 1981, au cours d'un défilé, par des militaires appartenant à la confrérie des Frères musulmans.

Le véritable tournant de l'islamisme correspond certainement à cette fin des années soixante-dix et au début des années quatre-vingt. L'élimination du Président *Sadate*, la révolution iranienne deux années plus tôt, le début de la guerre en Afghanistan ont préfiguré l'islamisme d'aujourd'hui. Les années quatre-vingt vont en effet voir l'idéologie islamiste s'installer dans plusieurs pays musulmans. La rue iranienne avait renversé le Shah – sous le regard complaisant de l'armée mais aussi sous celui des capitales occidentales – et permis à *l'ayatollah Khomeiny* de prendre le pouvoir. La Syrie faisait face à une insurrection fomentée par les intégristes que le Président *Hafez Al-Assad* réprima dans un bain de sang. En Tunisie, des proches des Frères musulmans tentaient de renverser le régime du Président *Habib Bourguiba*. Ce dernier jeta en prison la majorité des activistes religieux qui mettaient en péril l'État laïque qu'il avait construit au lendemain de l'indépendance de son pays. Pendant ce temps, la guerre faisait rage en Afghanistan où des combattants locaux avaient osé défier l'Armée Rouge. Dans les pays musulmans, des jeunes islamistes, excités à l'idée de se lancer dans le *djihad* étaient secrètement encouragés par les régimes arabes et occidentaux à se rendre en Afghanistan. C'est ainsi qu'allaient se constituer les premières légions arabes de *moudjahidine*.

En 1988, de grandes émeutes éclatent en Algérie. La population exige la démocratie, la liberté d'expression, du travail, du logement et moins d'injustice. Le mouvement est alors récupéré par les intégristes locaux emmenés par *Abassi Madani*, un sexagénaire, professeur en sociologie, et *Ali Benhadj*, un jeune prédicateur au verbe acide, tribun doué, utilisant à outrance le discours populiste. Deux années auparavant, un groupe d'islamo-terroristes avaient déjà pris le maquis pour s'attaquer aux forces de sécurité. Tous ces événements poussèrent les autorités algériennes à réviser la Constitution et à ouvrir les champs politiques et médiatiques. C'est ainsi que naquit dans la foulée le Front Islamique du Salut (FIS) qui récupéra le mal-vivre des jeunes, la contestation populaire et les problèmes socio-économiques pour endoctriner le maximum de citoyens. En 1990, il y eut des élections municipales remportées par les islamistes qui exigeront, par la suite, l'organisation de législatives et d'une présidentielle. Le pouvoir accepta le principe des élections législatives et le FIS gagna, en décembre 1991, le premier tour de cette consultation en usant de la fraude et en exerçant une pression sans pareille sur la société. Les intégristes algériens, certains de prendre le pouvoir, commençaient déjà à exiger de la population de changer ses habitudes : le port du voile devenait une obligation pour les femmes, incitées aussi à rester chez elles, les antennes paraboliques étaient interdites, des débits de boissons alcoolisées saccagés et la musique interdite. L'Algérie se dirigeait vers l'obscurantisme et le risque de contagion était visible pour les voisins maghrébins, voire pour le pourtour méditerranéen.

À quelques jours de la tenue du second tour des élections, l'Armée, encouragée par une partie de la société civile, des intellectuels et des partis politiques, décida d'intervenir et d'annuler ces élections. Le Président *Chadli Bendjedid* qui s'apprêtait à partager le pouvoir avec les intégristes musulmans finit par *« démissionner »* sans heurt et les autorités décidèrent l'instauration de l'état d'urgence, la mise en détention de plusieurs responsables du FIS et la dissolution du parti. Les *« barbus »* se dirigèrent vers l'action armée à laquelle ils s'étaient depuis longtemps préparés et qu'ils avaient d'ailleurs entamée bien avant l'arrêt du processus électoral puisque, en novembre 1991, ils attaquaient déjà une caserne de l'Armée située près de la frontière algéro-tunisienne, tuant et blessant plusieurs conscrits. Cette attaque était conduite par d'anciens *« afghans »*.

Les islamistes se regroupèrent dans les maquis et promulguèrent le *djihad* à l'encontre de tous ceux qui s'étaient élevés contre l'instauration d'une République islamique en Algérie et de l'ensemble de la société qui refusait de se soulever contre le pouvoir. À partir de 1992, l'Algérie allait connaître l'une des périodes les plus noires de son histoire. En dix ans, le terrorisme provoqua la mort d'environ cent mille personnes (chiffre non officiel.)

L'Algérie n'était pas le seul pays à faire face au terrorisme. Des terroristes palestiniens se faisaient exploser en Israël prétextant combattre pour la libération des territoires occupés par l'État hébreu ; des islamistes pakistanais massacraient des civils hindous afin de lutter pour la libération du Cachemire indien ; des intégristes philippins kidnappaient des Occidentaux pour, soi-disant, attirer l'attention sur leur combat ; des fondamentalistes égyptiens mitraillaient des touristes occidentaux ; d'autres islamo-terroristes affluaient vers la Bosnie, l'Afghanistan ou la Tchétchénie pour prendre part au *djihad*. À Istanbul, le parti islamiste *Rifah* tentait de remettre en cause la laïcité et d'instaurer une République islamique avant que l'Armée ne vienne, là aussi, mettre le holà. Plusieurs intégristes turcs choisirent alors l'exil et se dirigèrent vers Francfort, Paris ou Londres. Bref, le monde changeait, l'islamisme gagnait du terrain, pays musulmans et sociétés occidentales hébergeaient des *« fous de Dieu »* et personne, ou presque, ne semblait s'en soucier outre mesure. Jusqu'au 11 septembre 2001...

Certains islamistes algériens, qui avaient échappé à la vague d'arrestations lancée par le pouvoir au lendemain de l'arrêt du processus électoral et de l'annulation des élections, ont choisi l'exil. La France, la Grande-Bretagne, la Belgique, la Suisse, la Suède et l'Allemagne ont été les destinations les plus convoitées. Plusieurs militants du FIS ont ainsi pu, dès le début des années quatre-vingt-dix, s'installer en Europe et obtenir, le plus souvent, un statut de *« réfugié politique »*. Cet exil politique allait leur permettre de poursuivre leurs activités criminelles, de s'organiser dans une espèce de multinationale du crime, dont le siège social sera installé en Occident mais surtout de récupérer les membres de la communauté musulmane et notamment les jeunes vivant en Europe. Au contact d'autres activistes musulmans venant d'horizons divers, les intégristes de toutes les nationalités ont donné naissance à une Internationale islamiste au sein de laquelle les tâches furent intelligemment réparties. Tous les fronts (Algérie, Tchétchénie, Égypte, Bosnie, etc.) devaient être alimentés en armes, en munitions et en argent. Des réseaux terroristes se sont ainsi créés dans différentes capitales occidentales. Par ailleurs, il leur fallait organiser la propagande médiatique en faveur de la *« cause »*, mais aussi le recrutement et l'entraînement des *moudjahidine*.

Tout ceci se fera également à partir des capitales occidentales. Ils réussirent au bout de quelques années à créer une sorte de cinquième colonne dont les éléments constituent aujourd'hui ces réseaux de soutien à l'existence si surprenante pour beaucoup de gens.

Si on prétend aujourd'hui qu'*Oussama ben Laden* dirige tous ces réseaux, cela n'est vrai qu'en partie. Le milliardaire saoudien a tenté certes d'harmoniser et de coordonner les actions des différentes organisations terroristes et d'en structurer certaines au sein d'*Al-Qaïda* (la base), néanmoins quelques groupes ont préféré, tout en maintenant le contact avec *Ben Laden*, garder une certaine autonomie et une liberté d'action. D'autres figures, moins connues, se sont organisées pour créer des structures encore plus cloisonnées qu'*Al-Qaïda*. La tâche et les objectifs demeurent les mêmes quelle que soit l'organisation : soutenir le *djihad* des différentes factions islamistes qui, d'Alger à Kaboul et de Groznyï au Caire, sèment la barbarie sur leur passage.

La capitale britannique, qui est devenue La Mecque des intégristes musulmans, sert depuis des années de base de lancement à la majorité des actions terroristes menées à travers le monde. Les attentats ayant visé la France étaient financés à partir de Londres, l'assassinat du commandant *Massoud* y a été également préparé, et les attentats commis en Algérie sont revendiqués dans des journaux ou des tracts imprimés dans la capitale britannique. L'essentiel de la propagande et du financement des groupes terroristes s'est toujours fait à partir du pays de Sa Majesté la reine Elisabeth II, c'est-à-dire aux portes du territoire français. Les islamistes se sont organisés en multinationale du crime qui voyait dans la mondialisation et l'ouverture des frontières une chance inespérée. Les uns s'attelaient à acheminer des armes et des munitions, les autres prenaient en charge l'aspect financier et logistique. Des camps d'entraînement paramilitaires étaient ouverts au Soudan, en Afghanistan, en Tchétchénie et dans la région des Balkans, mais aussi dans certains pays européens comme on le verra plus loin.

Les réseaux intégristes ont longtemps agi sans être inquiétés. La collecte d'argent continue de se faire autour des mosquées londoniennes et parisiennes, et les revendications des actions terroristes sont parfois transmises aux rédactions des grands médias européens.

D'ailleurs, les islamistes étaient, jusqu'à un passé récent, invités sur des plateaux de télévision, possédaient des sites Internet et même des publications. Hommes politiques et services de sécurité occidentaux se souciaient très peu des activités des fondamentalistes, du moment qu'ils ne commettaient aucun forfait sur leur sol. On les traitait comme de simples *« opposants »* qui dénonçaient des *« dictatures »*. Et si l'Europe est depuis longtemps devenue une base arrière du terrorisme islamiste, la France n'est pas en reste.

La France a toutefois été le premier pays européen à réagir. Au lendemain des attentats commis dans l'Hexagone ou visant des intérêts français à l'étranger, plusieurs islamistes ont été arrêtés. Selon un décompte de presse, près de trois cents activistes religieux – des Maghrébins notamment – ont été interpellés par les services de sécurité, en 1994 et 1995 sur le territoire français. Cela dit, les terroristes et les membres des réseaux de soutien sont généralement condamnés à des peines allant de quelques mois avec sursis à moins de dix ans de prison ferme, et ils sont, le plus souvent, condamnés pour *« association de malfaiteurs ayant un lien avec une organisation terroriste »*, et non pour terrorisme. Ce qui leur a permis d'éviter les emprisonnements de longue durée et de revenir assez rapidement sur le terrain. À sa sortie de prison, un islamo-terroriste condamné en France ira généralement s'installer dans un autre pays et reprendre ses activités sans y être réellement gêné par les services de sécurité de ce nouveau pays d'accueil.

Au milieu des années quatre-vingt-dix, *Oussama ben Laden,* qui avait choisi d'élire domicile en Afghanistan après un séjour au Soudan, s'alliait officiellement avec les islamistes égyptiens, algériens et d'autres factions de diverses régions du monde. L'Internationale islamiste déclarait solennellement en 1998 la guerre aux *« juifs et à leurs alliés croisés »* mais visiblement la menace n'avait pas été jugée sérieuse. En France, il y eut certes une première prise de conscience après les attentats de Paris, en 1995, mais cela resta insuffisant. Les Américains, eux, ont attendu les attentats de Nairobi au Kenya et de Dar Es-Salam en Tanzanie en 1998 (qui visaient les ambassades américaines) pour réagir. Il était peut-être trop tard...

Les réseaux islamo-terroristes en France

Le 12 juin 1991, Didier Guyon-Roger, un Français converti à l'islam et qui se fait appeler *Abdelkrim,* est arrêté par la police algérienne à la frontière algéro-marocaine. Cet habitant de la cité des Indes, à Sartrouville, en banlieue parisienne, âgé alors de quarante-deux ans et marié à une Algérienne, transportait dans son véhicule un lot d'armements et des manuels enseignant l'art de la guérilla. Son arsenal en provenance de la France était destiné aux maquis algériens qui ne s'étaient pourtant pas encore embrasés. Les réseaux islamistes installés dans l'Hexagone étaient déjà à l'œuvre.

Le 24 août 1994, un commando scindé en plusieurs groupes s'apprête à commettre des attentats au Maroc. Le premier groupe tire sur des touristes espagnols dans le hall de l'hôtel Atlas Asni à Marrakech, le second tire sur une patrouille de police à Fès, et le troisième groupe cible des citoyens marocains de confession juive à Casablanca. Bilan : deux touristes espagnols morts et une vingtaine de blessés. Le commando est composé, entre autres, de *Redouane Hamadi*, un Français d'origine marocaine (24 ans), *Stéphane Aït Idir*, un Français d'origine algérienne (22 ans), *Tarek Falah*, un Français d'origine marocaine (20 ans), *Rachid Falah*, un Français d'origine marocaine (24 ans), *Kamel Benakacha*, un Français d'origine marocaine (26 ans), *Farid Zarouali*, de nationalité marocaine âgé de 23 ans. De jeunes *beurs* originaires de La Courneuve, près de Paris, de la cité de l'Argonne à Orléans ou encore de la cité des oiseaux à Avignon. L'enquête révélera que les terroristes se sont entraînés en France, au mont Mézenc et à Bédoin, un petit village situé au pied du Ventoux.

Entre 1991 et 1994, plusieurs jeunes Français, une cinquantaine, ont suivi un entraînement militaire et religieux dans les camps pakistanais et afghans. Certains d'entre eux ont pris part à la guerre en Bosnie, d'autres seront recrutés par les Groupes Islamistes Armés, les GIA algériens.

Ces exemples, pris dans un espace-temps suffisamment significatif, montrent que l'islamisme et les réseaux terroristes existent en France depuis au moins une décennie. Ils ont naturellement toujours été noyés au cœur de la communauté musulmane. Les membres de ces groupes ont longtemps formé des *« réseaux dormants »* et n'agissaient que lorsque leur contact basé à Londres, à Peshâwar ou au Yémen leur en donnait l'ordre.

En réalité, le danger islamo-terroriste a commencé à planer sur la France au lendemain de la révolution iranienne. Durant les années quatre-vingt, les *ayatollahs* iraniens avaient encouragé la création, en France, d'associations islamistes *chiites*. L'une d'elles, *Ahl El Beyt* (les Gens de la maison), était chargée de surveiller les membres de l'opposition iranienne réfugiés dans l'Hexagone. Les autorités françaises ont décidé de les interdire au moment où elles commençaient à représenter une menace pour la sécurité intérieure. Le démantèlement de ces organisations islamistes n'a pas permis d'écarter définitivement le spectre intégriste. Des réseaux, des associations et des organisations, plus dangereuses les unes que les autres, naîtront au fil des années, notamment à partir de 1981, à la faveur d'une nouvelle loi qui permet à des intégristes de créer des associations de type loi de 1901. En permettant à des islamistes de former des associations, les législateurs qui ont voté la loi de 1981 étaient certainement loin de se douter que plusieurs formations religieuses allaient violer purement et simplement les lois de la République et notamment celle de 1905, relative à l'organisation des activités des associations religieuses, qui interdit à celles-ci toute forme d'ingérence dans le champ politique.

Aujourd'hui, certains réseaux islamistes sont chargés de l'endoctrinement, d'autres du recrutement des nouveaux adeptes, et les réseaux terroristes sont chargés, eux, de l'action violente. Le problème qui s'est toujours posé en France concerne davantage les réseaux chargés de l'endoctrinement et du prosélytisme puisque, en apparence, il n'y a rien d'illégal dans leurs activités. Il est par conséquent très difficile, pour les services de sécurité, de les mettre hors d'état de nuire. Officiellement, toutes les associations islamistes – elles sont aujourd'hui près d'un millier – ont des activités légales.

L'un des plus anciens réseaux islamistes en France est, incontestablement, celui qui se fait appeler le *Tabligh*. Ce mot arabe veut littéralement dire *« la transmission »*. Il évoque naturellement la

« transmission du message ». Le message dont il est question ici est faussement appelé *« message de la foi »*. Ce mouvement, qui existe depuis le début du XXe siècle, a été fondé par *Mohamed Ilyas*, un érudit indien devenu pakistanais après la création de cet État. Le *Tabligh* est aujourd'hui présent dans pratiquement tous les pays du monde. Il constitue la plus grande organisation missionnaire musulmane au monde. En France, il agit depuis 1973 dans l'objectif d'islamiser la société française. Aujourd'hui, le mouvement contrôle – directement ou indirectement – plus d'une centaine de lieux de culte et compte près de cinquante mille adeptes implantés dans différentes villes de l'Hexagone. Le *Tabligh* et ses missionnaires adoptent un visage pacifiste et ils s'empêchent de tenir un discours de violence ou de haine, du moins publiquement. En réalité, ce n'est pas le rôle de ses prédicateurs dont la mission essentielle consiste, avant tout, à endoctriner les masses et leur transmettre l'idéologie islamiste. Si, officiellement, il n'appelle pas à l'action violente, le *Tabligh* reste un mouvement qui favorise le communautarisme, il est anti-intégrationniste et forcément prosélyte. Il joue le rôle de censeur et de moralisateur de la communauté musulmane. Dans tous les cas de figure, c'est un mouvement dont le message reste en totale contradiction avec les valeurs républicaines.

En France, la mosquée de Saint-Denis, en région parisienne, demeure l'un des fiefs de ce mouvement. Le spectacle qui y est donné chaque vendredi est désolant : tenues afghanes et accoutrements saoudiens se côtoient. Personnellement, ce qui m'a choqué, ce qui a remué mes entrailles, ce sont ces images de déjà-vu que j'avais en face de moi. Devant la mosquée de Saint-Denis, j'avais l'impression d'avoir remonté le temps et de me retrouver devant la mosquée *Sunna* de *Bab El Oued*, à Alger, en 1991, alors que l'islamisme algérien vivait son heure de gloire. Le spectacle de Saint-Denis m'a choqué, d'autant plus que je sais ce qui s'est ensuite passé à *Bab El Oued* et en Algérie.

C'est la répartition des tâches entre les différents groupes islamistes qui induit en erreur hommes politiques, services de sécurité, voire certains intellectuels qui ont travaillé sur l'islamisme. Ils ont souvent tendance à croire en effet que les prédicateurs ne sont pas dangereux, car ils ne passent jamais à l'acte et ne pratiquent pas la violence. Il est clair que nous ne verrons jamais un prédicateur vêtu de sa *djellaba* et muni de son bâton de pèlerin fomenter ou perpétrer un acte terroriste. Leur rôle consiste uniquement à préparer mentalement les nouvelles recrues et à les amener à épouser la thèse des fondamentalistes musulmans. La quasi-totalité des conversions et des réislamisations en France est attribuée à ce mouvement. Sans ces prédicateurs, il est clair que les rangs des terroristes seraient beaucoup plus clairsemés. La plupart des terroristes qui ont fait parler d'eux en France ces dernières années ont été, à un moment ou à un autre, des proches du *Tabligh*. C'est le cas du tristement célèbre *Khaled Kelkal* qui avait été derrière une partie des attentats de 1995.

Aujourd'hui, les pouvoirs publics ont permis à ce mouvement intégriste de prendre part à l'élection de l'instance représentative des musulmans. En clair, dans peu de temps, des personnes issues du *Tabligh* auront toute la légitimité de représenter la communauté musulmane et de traiter avec les représentants de l'administration au nom de cette même communauté. Selon certaines indiscrétions, les pouvoirs publics ne se font aucune illusion sur ce mouvement, mais des cadres du ministère de l'Intérieur, chargés de ce dossier, laisseraient entendre en coulisse qu'il *« serait préférable d'avoir les islamistes à l'intérieur qu'à l'extérieur de la consultation »*. En d'autres termes, cela voudrait dire que les autorités continuent de jouer avec le feu en se permettant de faire jeu égal avec de vulgaires intégristes. La leçon du 11 septembre n'a toujours pas été comprise...

Le *Tabligh*, quoi qu'on en dise, reste le principal sergent recruteur de l'Internationale islamiste et, par conséquent, celui de l'Internationale terroriste. L'action de ce mouvement, qui a été lancée il y a plusieurs décennies, s'inscrit dans la durée. De fait, l'endoctrinement connaît plusieurs étapes. Les membres du *Tabligh* cherchent avant tout à pousser le musulman vers la pratique religieuse et notamment vers la *salat*, les cinq prières quotidiennes, un des cinq piliers de la religion musulmane. Progressivement, les prédicateurs tenteront de mener le jeune musulman vers la mosquée ou vers la salle de prière de la cité. Pour le convaincre, ils citeront les arguments et les *« bienfaits »* qui incitent à la *salat el djamaa*, c'est-à-dire à la prière du groupe.

En effet, il y a deux façons d'accomplir la prière : d'une manière individuelle ou en groupe à la mosquée. Cette *salat el djamaa* n'est pas obligatoire, hormis le vendredi, pour la grande prière qui est appelée *salat el djoumouaa*, prière du vendredi.

La mosquée, comme tout lieu de culte, est un lieu de rassemblement. Les musulmans y pratiquent la prière, mais pas seulement, puisqu'ils peuvent se réunir entre deux prières et organiser des *halakat*, c'est-à-dire des réunions religieuses où le prédicateur tentera de parfaire la formation spirituelle des musulmans. En France, ces réunions sont pratiquement incontrôlables. Il est très difficile de savoir ce qui s'y dit, car elles ne regroupent généralement que des convaincus et des *« jeunes de confiance »*. Ces réunions peuvent être tenues dans un garage, un appartement ou tout autre local de la cité. Elles ne se déroulent pas obligatoirement dans le lieu du culte. Néanmoins, les quelques témoignages recueillis me permettent d'affirmer que c'est au cours de ces *halakat* que les islamistes décident de beaucoup de choses : une récolte d'argent, des expéditions punitives contre des synagogues, la punition d'un musulman non pratiquant ou encore, plus prosaïquement, la réparation de la voiture d'un proche ou un mouvement de solidarité en direction de nouveaux arrivants. Ceux qui gravitent autour du *Tabligh* agissent sur plusieurs fronts en même temps. Au-delà de l'endoctrinement et de l'enseignement religieux, il y a des aspects liés à l'action sociale et d'autres liés aux actes de violence. Ceux-ci ne sont évoqués qu'avec les *« militants »* et ne sont confiés qu'à ceux qui tiennent le rôle de *« combattant »*, en l'occurrence les *« anciens »* sur lesquels le travail d'endoctrinement est déjà achevé. Et cet endoctrinement peut prendre, selon les personnes, plusieurs mois, voire plusieurs années. Pour imager, disons qu'après l'endoctrinement à la charge du *Tabligh*, ce mouvement remettra le nouvel adepte à l'Internationale islamoterroriste, sous forme de *« produit fini »* prêt à l'emploi.

Pour motiver les nouvelles recrues, on installe, entre elles, un système de compétition et de concurrence. On répétera le nom de celui qui s'est déplacé à la mosquée pour la prière du *fedjr*, la prière de l'aube, on louera les mérites de celui qui a appris le plus de versets du Coran, on encouragera celui dont la barbe est la plus longue, etc. Cette manière de mettre la pression sur les uns et les autres va pousser les nouveaux *« fidèles »* à se surpasser. Un jour, l'un d'eux voudra faire plus que ses camarades et se retrouvera ainsi sur le front d'un quelconque conflit, à des milliers de kilomètres de sa banlieue natale. C'est ce qui explique en partie la présence de Français dans les rangs des taliban.

Si le mouvement du *Tabligh* prétend ne pas s'occuper de politique, c'est seulement pour éloigner les soupçons sur la nature de sa *« mission »*. Il faut comprendre, d'abord, qu'une formation religieuse, quelle que soit sa nature, évoque directement ou indirectement la politique. L'endoctrinement ou la propagation de *« la bonne parole »* rejette, pour être crédible, l'ordre suivi par les sociétés modernes. En visant les jeunes des cités, les missionnaires du *Tabligh* connaissent très bien l'état d'esprit de ces derniers. Ils connaissent leurs difficultés socio-économiques, leur quête d'identité, leur mal-vivre et leurs frustrations. Les arguments utilisés seront naturellement proposés comme s'il s'agissait de remèdes qui permettraient aux jeunes de faire face à leurs difficultés quotidiennes. *« Retournez à votre religion et les Français vous respecteront... Nous formons une communauté importante, c'est en nous unissant sous la bannière de l'islam que nous serons plus forts... C'est en pratiquant tous les piliers de notre religion que Dieu nous ouvrira les portes de la vie terrestre et de l'Au-delà. »* Telles sont les quelques phrases utilisées, et qui ont une influence considérable sur les jeunes musulmans, qu'ils soient issus des banlieues ou non. Naturellement, si ce discours n'inclut *a priori* aucun message politique, c'est tout simplement parce que le moment d'évoquer les aspects politiques d'une manière directe n'est pas encore arrivé. Ce *« travail au corps »* se fait d'une manière progressive. Une fois la formation spirituelle achevée, d'autres prédicateurs – ceux-là plus politisés – prendront la relève pour prodiguer aux nouvelles recrues la formation politique qui achèvera en même temps leur endoctrinement.

C'est ainsi qu'après le prosélytisme viendra le tour de l'enseignement politique qui donnera naissance, dans la plupart des cas, à des terroristes prêts à se sacrifier *fi sabyl allah*, c'est-à-dire « dans le sentier de Dieu ». Ce sera la conjugaison de la formation idéologique et de la formation politique qui créera en réalité ces *« fous de Dieu »*. Les prédicateurs orientent leurs adeptes selon les profils. Certains seront appelés à faire uniquement de la prédication, autrement dit, à rechercher, à leur tour, de nouvelles recrues, et d'autres seront dirigés, ou se dirigeront seuls, vers la voie du *djihad*. Généralement, en effet, ces derniers affichent eux-mêmes leur soif d'aller combattre. Cette soif est constatée le plus souvent chez d'anciens délinquants ou des voyous convertis à l'islamisme, qui pourront désormais revenir vers la violence, mais cette fois en la *« légitimant »* puisqu'elle sera couverte par la religion, du moins dans leur esprit. Ceux qui montreront cette envie d'aller vers la violence constitueront non pas les réseaux islamistes, mais des réseaux terroristes. Là aussi, le cas de *Khaled Kelkal* reste vivace dans les mémoires.

Il n'est pas étonnant de voir, par exemple, des salles de sport où l'on enseigne les arts martiaux et les sports de combat fréquentées par des islamistes. Cela a toujours été le cas. Ces salles de sport donneront, sans le vouloir, la première instruction paramilitaire aux terroristes. Ainsi, les adeptes les plus méritants se verront octroyer une *« bourse »* qui leur permettra de se rendre dans un camp d'entraînement où ils parachèveront également leur formation idéologique en côtoyant des terroristes aguerris, mais où ils seront surtout initiés à l'art de la guérilla. L'itinéraire était déjà connu avant le 11 septembre : voyage éclair à Londres pour récupérer de l'argent et nouer des contacts, ensuite direction Islamabad, la capitale pakistanaise. À son arrivée, l'adepte est emmené vers l'un des camps situés en Afghanistan, au Pakistan ou dans la région du Cachemire. On lui demande de choisir un pseudonyme à connotation islamiste, de remettre tous ses papiers d'identité (vrais ou faux) et de ne contacter personne dans son pays d'origine. Les *« Afghans arabes »* et les *« Afghans français »* – ou vivant en France – que j'ai rencontrés à Peshâwar avaient tous pour nom *Ali Al Masri* (Ali l'Égyptien), *Ismail Al Djazaïri* (Ismaïl l'Algérien), *Mustapha Al Tounsi* (Mustapha le Tunisien) ou *Mohamed Al Saoudi* (Mohamed le Saoudien). En réalité, ils utilisent leur nationalité comme nom de famille pour masquer leur véritable identité.

Après la période d'entraînement théorique et pratique, le jeune islamiste récupère ses papiers d'identité et prépare son retour vers son pays d'origine ou son départ vers le « *front* » tchétchène ou philippin. Parfois, les papiers ne sont pas rendus à leurs propriétaires, ils serviront à confectionner de faux documents afin de brouiller les pistes. Selon des diplomates français, les représentations diplomatiques françaises au Pakistan ont enregistré au cours des années quatre-vingt-dix un accroissement considérable des déclarations de pertes de passeports appartenant à des ressortissants français. Selon les mêmes sources, ces déclarations étaient faites, neuf fois sur dix, par des Français de confession musulmane.

Cela dit, il faut retenir qu'après cet entraînement militaro-religieux, qui peut durer plusieurs mois comme plusieurs années, ou encore se répartir sur plusieurs sessions de quelques semaines, le jeune islamiste revient dans sa banlieue et intègre soit un réseau actif qui le chargera immédiatement d'une mission, soit un réseau dormant qui lui demandera d'attendre son heure pour frapper. Dans une conjoncture comme celle qui prévaut depuis le 11 septembre, les réseaux qui n'ont pas été encore démantelés par les services de police se sont transformés en réseaux dormants afin de se faire oublier.

Cette filière afghane existe depuis les années quatre-vingt, mais les services spécialisés n'ont mesuré l'ampleur du phénomène et le danger qu'il représentait que durant les années quatre-vingt-dix. Par exemple, sur les trente-cinq islamistes impliqués dans les attentats qui ont eu lieu au Maroc en 1994, la moitié d'entre eux avaient déjà fait leurs armes dans des camps afghans contrôlés par des chefs de guerre locaux comme le commandant *Massoud* ou *Hekmatyar*. En effet, les terroristes maghrébins et français qui se sont entraînés en Afghanistan, pendant et après la guerre contre l'Union soviétique, étaient répartis sur trois camps : ceux de *Hizb Islami* dirigés par *Gulbuddine Hekmatyar*, ceux de *Itihad Islami* contrôlés par *Abdelrassoul Sayyaf* et enfin ceux de *Jamiat Islami*, dirigés par *Ahmed Shah Massoud*. C'est dire que même ce dernier a contribué à former des terroristes internationaux qui continuent de sévir à ce jour. Inutile donc de l'affubler aujourd'hui de tous les éloges parce que cela est à la mode.

Si les camps afghans gérés depuis quelques années par *Oussama ben Laden* ont été détruits au lendemain des attaques sur le sol américain, ceux du Pakistan et du Cachemire, contrôlés par des agents de l'ISI, les services secrets pakistanais, ainsi que les formations islamistes locales sont toujours en activité, bien qu'ils se fassent plus discrets en raison de la conjoncture internationale. J'ai pu le constater au cours de mon séjour au Pakistan entre octobre et novembre 2001, où tous les témoignages recueillis ont confirmé l'existence de ce genre de camps sur le territoire pakistanais, notamment dans les fameuses zones tribales proches de Peshâwar et près de la frontière pakistano-indienne. M'étant fait passer durant mon séjour au Pakistan pour un islamiste convaincu, la proposition d'aller effectuer un entraînement dans un camp, situé dans la région du Cachemire, m'avait été faite par des intégristes pakistanais rencontrés sur place.

Il existe au Pakistan quelque vingt-cinq mille écoles coraniques qui reçoivent des islamistes du monde entier. Les plus virulentes sont, sans nul doute, celles situées à Peshâwar, près de la frontière afghane. Ces dernières sont contrôlées par un courant appelé le *Diobendi* et inspiré d'une lecture du Coran qui date du XIIe siècle. Très virulent, ce courant enseigne, entre autres, qu'il faut se sentir perpétuellement en guerre contre *« tous les mécréants »*. On y trouve des Saoudiens, des Yéménites, des Égyptiens, des Algériens, des Marocains, mais aussi des musulmans de nationalité française ou britannique. À Peshâwar, il existe également un centre où se réunissent tous les Maghrébins venus apprendre le *djihad*. Ce centre connu sous le nom de *« maison des Algériens »* permet aux Maghrébins venus de France, d'Algérie, de Tunisie, du Maroc ou d'ailleurs de se rencontrer, mais aussi de se concerter et d'harmoniser leurs actions. L'appellation *« maison des Algériens »* existe depuis la première guerre d'Afghanistan. Cette *« maison »* a abrité les Algériens qui avaient fait le voyage en Afghanistan *via* le Pakistan pour prendre part au *djihad* qui était mené face à l'Armée Rouge. Elle continue d'exister à ce jour et est dirigée par un Algérien se faisant appeler *Abou Djaafar*. Les services secrets pakistanais ne cesseront probablement jamais d'entretenir les terroristes islamistes vu que ces derniers restent leur meilleure arme dans le conflit qui les oppose à l'Inde sur la question du Cachemire.

L'itinéraire menant vers l'Afghanistan avait néanmoins été modifié avant le 11 septembre. Les terroristes passaient de moins en moins par le Pakistan. Ce pays était devenu le carrefour où les agents des services secrets du monde entier se rencontraient, notamment à Peshâwar. Cela devenait dangereux pour les islamistes qui choisirent de transiter plutôt par l'Iran où ils avaient mis en place un réseau chargé de faire passer aux terroristes la frontière irano-afghane. Aujourd'hui, tout cela a naturellement changé, puisque aucun terroriste ne s'aventure désormais en terre afghane, bien que certains se dirigent à nouveau vers le Pakistan. Depuis la chute du régime taliban, plusieurs terroristes présents en Afghanistan et ayant échappé aux troupes occidentales se sont exfiltrés de ce pays pour rejoindre des contrées plus tranquilles. Beaucoup sont revenus sur le Vieux Continent.

Les camps afghans n'ont pas été les seules destinations des terroristes *« français »*. De source policière, on parle de deux cents à deux cent cinquante islamistes *« français »* ayant suivi un entraînement militaire dans des camps bosniaques, notamment ceux proches de Zenica et Tuzla. Ces camps sont supervisés par des hommes proches d'*Oussama ben Laden*. Des terroristes français ont eu également l'occasion de s'entraîner dans des camps ouverts au Soudan au début des années quatre-vingt-dix, quand *Hassan Al-Tourabi*, le leader spirituel soudanais, vivait son heure de gloire.

L'un des réseaux ayant certainement le plus fait parler de lui en France au cours de ces dernières années reste certainement celui d'*Al Hijra Oua Takfir* (Exil et Excommunication). Appelé *« le Takfir »* par les journalistes, ce réseau, l'un des plus dangereux, car l'un des plus extrémistes et des mieux cloisonnés, ne renferme pas un nombre important d'adeptes, néanmoins ses actions sont tout aussi sanglantes que celles des factions dirigées par *Oussama ben Laden* ou le GIA algérien. Le mouvement *Al Hijra Oua Takfir* a été créé au début des années soixante-dix par deux islamistes égyptiens : *Abdessalem Farag* et *Mustapha Ahmed Chukri*. Soumis à un régime spartiate où les châtiments corporels ne sont pas exclus, les membres de ce mouvement n'entretiennent aucune relation avec leur famille et se sentent perpétuellement en guerre contre tous ceux qui ne partagent pas leur point de vue de l'islam, y compris d'autres factions islamistes. Les membres d'*Al Hijra Oua Takfir* estiment être les seuls vrais musulmans. Pour eux, tout péché, aussi minime soit-il, tout contact avec l'État, y compris la scolarisation des enfants, entraîne automatiquement une exclusion de la communauté des croyants. Ils sont les premiers ennemis de l'Occident, qu'ils jugent *« pervers »*, même si plusieurs d'entre eux y vivent. Ils sont néanmoins indétectables puisqu'ils se noient dans la société à laquelle ils appartiennent. Le *Takfir* est structuré selon une organisation hiérarchique très cloisonnée par groupes de dix membres au maximum, dont un *« émir »*. Quand ils vivent en Occident, ils sont dans une parfaite clandestinité, ils ne portent pas de barbe ni d'accoutrement islamiste, et, pour ne pas attirer les soupçons, ils ne pratiquent jamais publiquement la prière ou les autres obligations de la religion. Ils ne travaillent pas, s'autofinancent grâce aux petits trafics et aux subventions émanant du sommet de l'organisation. Ils ne fréquentent pas les lieux publics ni les mosquées. Leurs contacts sont très limités. Ils n'apparaissent en fait vraiment que pour commettre des attentats ou des tueries. C'est pour cette raison qu'ils cachent leurs activités, centrées sur le *djihad*. *Abdessalem Farag*, le fondateur de ce mouvement radical, avait décidé de considérer le *djihad* comme le sixième pilier de l'islam (qui en compte cinq). Il n'avait pas tardé à lancer ses adeptes sur les régimes et les sociétés arabes qu'il considérait comme similaires à la société de la *jahilia* (société ignorante) de l'ère préislamique [1]. *Farag* fut finalement exécuté, mais ses adeptes ont repris le flambeau et l'ont porté aux quatre coins du monde. Tous les mouvements islamistes – ou presque – comptent aujourd'hui dans leurs rangs des anciens du *Takfir*.

Certains réseaux *takfiri* ont été démantelés en France, notamment à Marseille et Paris, cependant, tout porte à croire que d'autres réseaux existent encore. Une information que j'ai pu recueillir au

1. Nom donné par l'islam aux sociétés idolâtres qui existaient avant l'avènement du Prophète.

cours de cette enquête m'a révélé qu'il existerait deux groupes *takfiri* en région parisienne : l'un à Nanterre, l'autre à Sartrouville. Impossible, naturellement, de vérifier cette information que j'ai recoupée à trois reprises au cours de mon enquête auprès de trois sources différentes. En France, le *Takfir* est constitué principalement de Français, d'Égyptiens, d'Algériens et de quelques Marocains. *Djamel Beghal*, un Franco-Algérien né en 1965, arrêté aux Émirats arabes unis en juillet 2001 et extradé vers la France le 30 septembre de la même année, en faisait partie. Affaiblies par la vague d'arrestations et l'offensive des services de sécurité, les cellules du *Takfir* ont rejoint officiellement *Al-Qaïda* dès 1998, en faisant la *moubayaa*, l'allégeance, à *Oussama ben Laden* qui désormais les contrôle et les finance.

Il existe également d'autres réseaux, certes moins importants que ceux que j'ai déjà cités. Néanmoins, il est nécessaire d'évoquer leur existence. Parmi eux, ceux proches de l'idéologie *chiite* et qui sont directement affiliés au *Hezbollah* libanais. Ce sont des réseaux qui ont été, de tout temps, dirigés à partir de la ville de *Qom* en Iran. Ses membres, beaucoup plus actifs par le passé, constituent aujourd'hui des réseaux dormants dont les membres pourraient se faire recruter par d'autres organisations terroristes, au moins pour des opérations ponctuelles. Ils sont généralement de nationalité iranienne, irakienne ou libanaise ; ils comptent, pour l'instant, dans leurs rangs d'anciens terroristes du *Hezbollah* et du groupe des *Djounoud El Rissali* (les soldats rissalistes). Ces derniers font plus du renseignement pour le compte de l'Iran et des *chiites* libanais que du terrorisme. Néanmoins, cela pourrait changer.

D'autres réseaux certes plus discrets mais tout aussi dangereux sont également actifs en France. Si le *Tabligh* compte des prédicateurs de nationalités diverses, les autres réseaux sont souvent constitués de personnes possédant une même nationalité, voire la même origine. Cela s'explique par un souci de cloisonnement. En effet, à la faveur des événements survenus au cours des vingt dernières années dans les pays du Maghreb, plusieurs islamistes algériens, tunisiens ou marocains se sont exilés en France pour échapper à la répression dans leurs pays. Tout en essayant de donner l'impression d'avoir une vie

« sans histoire », ces intégristes sont restés en contact entre eux. Les anciens militants du FIS, ceux du Mouvement de la jeunesse islamique marocaine (MJIM) ou encore les militants d'*Ennahda*, le Renouveau, le parti islamiste tunisien, entretiennent des activités discrètes. Islamistes algériens, marocains et tunisiens coordonnent leurs actions en essayant d'endoctriner leurs compatriotes respectifs. C'est ainsi, par exemple, que des Marocains proches du GIA s'étaient chargés de recruter des terroristes de même nationalité qui allaient, en 1994, perpétrer des attentats dans le royaume chérifien. S'ils ne peuvent pas participer aujourd'hui à la préparation d'actions terroristes, car ils sont fichés et certainement surveillés de très près par les polices européennes, il n'en demeure pas moins que les militants des partis extrémistes maghrébins, notamment les Algériens du FIS, sont fortement impliqués dans des associations ou autres ONG qui prétendent défendre les Droits de l'homme. Certains d'entre eux jouent un autre rôle et prennent en charge l'aspect propagandiste de la mouvance islamiste. Il suffit de voir le nombre de sites Internet, hébergés chez des *providers* européens, propageant un message qui, s'il n'est pas hostile à la France, demeure très virulent à l'égard des régimes maghrébins. Certains de ces sites ont été fermés après le 11 septembre, d'autres ont *« modéré »* leur discours pour échapper à la soudaine colère des polices occidentales.

Ces activistes islamistes participent par ailleurs à la récolte des fonds nécessaires à la cause intégriste. Cette collecte d'argent se fait naturellement dans une totale discrétion, et il est quasiment impossible d'en déceler les traces, puisque les collectes se font en liquide, et en liquide uniquement.

Dès le début des années quatre-vingt-dix, le FIS algérien avait, réussi à créer des cellules ou des associations qui lui étaient acquises dans différentes banlieues, notamment en régions parisienne et lyonnaise. Constituées principalement de *beurs*, ces structures avaient pour mission de recruter de nouveaux sympathisants. Leurs animateurs, en utilisant cette lecture déformée du Coran citée précédemment, tentent de récupérer la révolte des jeunes des banlieues qui se considèrent souvent – en raison de ce que j'ai déjà expliqué – comme des laissés-pour-compte. L'arme privilégiée de ces agents recruteurs reste l'action sociale utilisée comme un cheval de Troie. Grâce à cette approche, le FIS a pu s'attirer la sympathie de plusieurs centaines de jeunes des banlieues. Certains laisseront tomber, d'autres sont allés jusqu'au bout et ont rejoint les rangs de la mouvance islamo-terroriste. La solidarité affichée par les islamistes en direction des jeunes qui se retrouvent dans une situation de précarité n'est pas motivée par une quelconque générosité mais plutôt par une politique de séduction qui vise à recruter le plus de sympathisants possible. Les terroristes ne travaillent pas seuls, ils ont besoin d'informateurs, de coursiers, de caches, etc.

Certaines informations non confirmées font état d'une forte activité au sein des réseaux constitués d'islamismes marocains agissant en France. Ces activités seraient liées à la récente mobilisation des milieux terroristes qui s'apprêteraient à commettre des attentats dans le royaume chérifien, voire dans le détroit de Gilbratar où sont stationnés des navires de l'Otan. Gardons à l'esprit que les *beurs* constituent une proie idéale pour les recruteurs islamistes. Cet intérêt est stratégique puisque si, par exemple, le nombre d'intégristes *beurs* devient important, la France – contrairement aux autres pays européens ou aux États-Unis – ne ferait plus face à une menace extérieure mais, bel et bien, à un ennemi intérieur, à l'instar des pays musulmans qui ont eu à faire face au terrorisme islamiste. Par ailleurs, ils le savent et le répètent à chaque occasion : *« Celui qui contrôle les musulmans de France contrôlera les musulmans de tous les pays occidentaux. »* Ce n'est pas pour rien que la France intéresse les activistes religieux au plus haut point. Quelques indications : le commerce de la viande *halal* sur le marché français et à l'exportation constitue une manne financière qui se chiffre à plusieurs millions d'euros ; la France envoie chaque année entre vingt mille et trente mille pèlerins à La Mecque, soit plus que le Maroc et la Tunisie ; la France est le pays européen qui compte le plus de musulmans et le plus de mosquées...

Usant d'un discours populiste où la victimisation occupe une place de choix, les islamistes tentent d'endoctriner les Français d'origine musulmane en rappelant que le *« musulman est opprimé partout à travers le monde en raison de ses croyances »*. Un message qui passe parfaitement depuis quelques années au regard du malaise qui règne dans les banlieues. La méconnaissance de la plupart des *beurs* quant aux principes de la religion fait d'eux des *« élèves »* crédules et dociles ne développant aucun esprit critique et acceptant à la lettre les recommandations de leurs *cheikhs* (professeurs) qui, en règle générale, ne maîtrisent pas – ou très peu – la théologie. Ces *cheikhs* sont, dans la majeure partie des cas, des autodidactes au niveau intellectuel médiocre. Mais leur maîtrise de la langue arabe leur donne un aspect plus ou moins impressionnant quand ils se retrouvent face à des profanes. C'est le cas de certains prédicateurs du *Tabligh.* Néanmoins, ces prédicateurs sont constamment conseillés par les vrais *chouyoukh* (au sens de maître à penser), installés, eux, en Arabie saoudite, à Londres ou dans les pays du Golfe.

Généralement, l'endoctrinement se fait au niveau des cités et des quartiers populaires. Les prisons, les lycées et collèges n'ont cependant pas échappé à la percée de la pieuvre intégriste. Les caves, aménagées le plus souvent en salles de prière, sont des lieux de rencontre privilégiés. Les islamistes font un véritable *« travail au corps »* et utilisent tous les arguments pour bourrer les crânes. Quand ils se retrouvent face à une proie, ils ne la lâchent plus. Au quotidien, ils vont lui rabâcher ce qui est *« licite »*, ce qui ne l'est pas. Ils parleront du Paradis où *« soixante-dix houris*[1] *attendent les moudjahidine »*, ils parleront de l'Enfer et du *« châtiment qui attend les juifs, les mécréants et les croisés »*. Ils parleront du *djihad* et de la nécessité pour chaque musulman de *« libérer Jérusalem »* et d'instaurer la *charia* dans tous les pays musulmans ou non musulmans, etc. Ils tiendront ce discours en harcelant leur proie jusqu'à ce que celle-ci craque et assimile le discours qui lui a été tenu. Ils lui grefferont une conviction qui la poussera à aller, à son tour, à la recherche de nouveaux adeptes. Et c'est là que l'on voit l'importance que revêt aujourd'hui un lieu de culte pour les islamistes. En effet, les mosquées contrôlées par les intégristes sont, en même temps, une

1. Nom donné par le Coran aux vierges du Paradis.

tribune politique, une école religieuse, une entreprise qui génère de l'argent, une caserne au service du *djihad*... Ce n'est donc pas pour rien que les intégristes font des pieds et des mains pour construire et contrôler le plus possible de mosquées.

Les intégristes musulmans considèrent qu'ils sont en guerre permanente contre tous ceux qui ne prônent pas leur doctrine. Ils ont, par exemple, rendu licite le vol, appelé *ghanima*, « butin de guerre » dans les pays européens. Un jeune Algérien que j'ai connu au cours de mon enquête se décrit comme *« musulman pratiquant »* et réfute le terme *« islamiste »*. Se disant opposé au terrorisme, il traficote néanmoins dans des réseaux de cartes de crédit volées. À ma question sur l'incompatibilité du vol ou du recel avec les préceptes de la religion musulmane qui considère ces faits comme illicites, mon interlocuteur m'a clairement affiché une *« conscience tranquille »* puisque, pour lui, ce qu'il faisait n'était pas *haram* (un péché). Il m'a expliqué que cette activité rentrait dans le cadre de la *ghanima*. Cette explication lui avait été donnée dans une mosquée islamiste, et il y croyait dur comme fer. Cette approche et cette manipulation de la religion permettent aujourd'hui à de jeunes musulmans de s'adonner à des pratiques contraires à la loi en toute bonne conscience, puisqu'on leur a expliqué que ce qui compte ce n'est pas la loi terrestre, mais uniquement la loi divine. C'est ainsi que le vol, le recel, le racket ou le trafic de stupéfiants sont des fléaux aujourd'hui couverts, encouragés, voire contrôlés par les islamistes. Ils encouragent ce genre d'activités qui sert leur stratégie, leur cause et leurs intérêts, notamment dans le financement du terrorisme. En recrutant des délinquants, les islamo-terroristes se contentent de leur dire : *« Rejoignez-nous et vous serez lavés de tous vos pêchés antérieurs. »* Les voyous recrutés par la mouvance terroriste pourront néanmoins poursuivre leurs activités délictueuses, convaincus du caractère légal de celles-ci puisque pour eux, vol, racket et recel servent désormais la cause de l'islam et non pas leurs intérêts personnels.

Au cours d'un voyage effectué à Madrid en avril 2002, j'ai pu approcher un réseau de trafic de cartes bancaires et de faux documents, qui entretient une relation indirecte avec la mouvance islamiste. En suivant les dividendes de ces trafics, on s'aperçoit que ceux-ci atterrissent dans les caisses de l'islamisme international. Mes contacts sur place m'ont appris ce que je savais déjà, en l'occurrence que ces méfaits étaient couverts par *« les frères »*, c'est-à-dire les fondamentalistes. J'ai même eu connaissance du contenu de l'enregistrement d'un prêche lancé par *Abou Katada*, un islamiste radical d'origine palestinienne, installé à Londres. Ce dernier légalisait *« le vol, le recel et tous les autres trafics pour tous les jeunes musulmans vivant sur une terre non musulmane »*. *Abou Katada* spécifiait qu'ils vivaient dans *Dar El Harb* (la maison de la guerre) et, par conséquent, pouvaient s'approprier tout ce qui appartient aux *« mécréants »*. En effet, quand ils sont en guerre, les islamistes considèrent que tout ce qu'ils prennent à leurs *« ennemis »* est *halal* (licite) puisque considéré comme *« butin de guerre »*. En 1996, *Abou Katada* avait décrété une *fatwa*, légalisant la mort de tous les Algériens qui n'avaient pas rejoint les rangs des GIA. C'est lui également qui ne cesse de déclarer le *djihad* contre tous les pays occidentaux, y compris la France.

Concernant le trafic de drogue, c'est plus complexe. Les réseaux terroristes l'encouragent parce qu'ils en tirent de gros bénéfices qui leur permettent de financer, d'un côté, leurs activités criminelles et propagandistes et, de l'autre, disent-ils, de *« provoquer la perdition des jeunes Européens et de la société occidentale »*. Au début des années quatre-vingt-dix, les islamistes qui sévissaient dans certaines banlieues et autres quartiers populaires avaient décidé de former des commandos pour mener la guerre aux petits *dealers* des quartiers défavorisés. Dans le but de se distinguer par une image positive, montrer à l'ancienne génération ses bonnes intentions et impressionner, la mouvance islamiste avait déclaré la guerre au trafic de drogue, du moins en apparence. La Fraternité algérienne de France (FAF), une organisation satellite du FIS algérien, dirigée par *Moussa Kraouche*, un membre actif de ce parti intégriste et néanmoins porte-parole du FIS en France, était alors partie prenante dans cette opération. *Moussa Kraouche* avait d'ailleurs reconnu avoir participé à la création de ces *« groupes anti-drogue »*. On découvrit quelques années plus tard qu'en réalité les opérations commandos menées par les islamistes en direction des *dealers* de banlieues ne visaient pas à éliminer le trafic de drogue mais plutôt à le récupérer.

Il est clair que l'islamisme a trouvé, depuis quelques années, une place de choix dans les banlieues dites *« sensibles »*. Agissant au sein de la communauté, les prédicateurs tentent, en utilisant *« la bonne parole »*, d'endoctriner le maximum de jeunes. La lecture déformée de l'islam est présentée comme la solution aux problèmes vécus par une grande partie de la communauté. Certains jeunes s'y réfugient et oublient, un instant, leur condition.

Prétendre que l'islamisme n'est pas porteur d'un *« projet de société »*, c'est méconnaître le phénomène. L'essentiel du projet islamiste est basé sur une rupture totale avec les sociétés contemporaines considérées comme *« impies »* et comparées souvent aux sociétés préislamiques. Le projet ne prône donc pas moins qu'une (ré)islamisation des sociétés aussi bien musulmanes qu'occidentales. Cette action de (ré)islamisation comporte deux aspects : la *dawaa*, c'est-à-dire la prédication – en d'autres termes l'endoctrinement – en direction des masses musulmanes notamment, et les *houroub eldjihadia fi sabili Allah*, les guerres saintes dans le sentier de Dieu – en d'autres termes, le terrorisme – en direction des sociétés occidentales, jugées réfractaires à la religion musulmane. Les sociétés occidentales sont d'autant plus une cible pour les islamistes qu'elles sont toutes régies par la démocratie. Or, les intégristes musulmans rejettent en bloc ce concept, car ils considèrent que la souveraineté procède de Dieu seul et non pas du peuple, comme le consacre la démocratie. Naturellement, cette vision ne les empêche pas d'utiliser au cours de leur combat les acquis démocratiques. En France, ils ont souvent tenté, au nom du *« droit à la différence »* – une revendication anticonstitutionnelle, puisque dans la République les particularismes n'ont pas droit de cité –, d'obtenir des largesses de quelque nature que ce soit. Des maires et des élus locaux, notamment ceux de communes à forte population musulmane, ont souvent accédé à leur demande afin de garantir la tranquillité dans la cité tout en travaillant à leur réélection.

La liberté d'expression, un des piliers de la démocratie, permet aux islamistes de véhiculer leur propagande en toute quiétude. C'est le cas en Grande-Bretagne où ils n'ont pas hésité, et continuent, à appeler ouvertement au meurtre ou à revendiquer des assassinats ayant lieu dans des pays musulmans. Et il n'est pas étonnant de constater aujourd'hui que des intégristes musulmans ont investi, depuis plusieurs années, les champs de défense des Droits de l'homme, bien qu'ils soient les premiers à les bafouer dès qu'ils en ont l'occasion. Le piège qui consiste à transformer des bourreaux en victimes continue de fonctionner admirablement, puisque les islamistes ont réussi, dans certains pays comme la Grande-Bretagne et la Suisse, à accéder au statut de victimes et se retrouvent aujourd'hui à la tête d'associations *« militant pour les Droits de l'homme »*. Ils demeurent, à ce jour, des interlocuteurs privilégiés des organisations non gouvernementales impliquées dans les questions des Droits de l'homme, qui les considèrent souvent comme des sources *« crédibles »*. C'est dire que les intégristes n'hésitent pas à utiliser et à retourner en leur faveur tout ce que pourraient offrir les pays occidentaux en matière de liberté d'action et d'expression. Il ne faut surtout pas croire que les islamistes présents sur le sol français, ou plus généralement sur le sol européen, sont disposés à respecter la démocratie et ses principes. J'étayerai mon propos en racontant une anecdote : au lendemain de l'arrêt du processus électoral en Algérie et de la vague d'arrestations d'activistes islamistes, ces derniers disaient la chose suivante à leurs pairs : *« Émigrez en Grande-Bretagne, il y existe une reine chez laquelle personne ne peut-être opprimé. »* Pour les non-initiés, cette phrase ne veut absolument rien dire. Néanmoins ceux qui connaissent l'histoire musulmane savent qu'une phrase similaire fut utilisée par le prophète *Mohamed* au moment où les *Quraychites* ont décidé de réprimer le premier noyau des musulmans qui s'était formé autour du Prophète à La Mecque. Il exhorta en effet ses compagnons à s'exiler en Abyssinie, l'Éthiopie d'aujourd'hui, dirigée alors par Négus, un roi chrétien connu pour son engagement en faveur de la justice. *Mohamed* disait à ses compagnons : *« Émigrez en Éthiopie, il y existe un roi chez lequel personne ne peut-être opprimé. »* Cet exemple pourrait, en effet, paraître anecdotique mais il a le mérite de révéler la logique qui anime les islamistes aujourd'hui. Certains d'entre eux croient dur comme fer qu'ils sont, en quelque sorte, investis d'une mission divine et qu'ils seraient en train de revivre l'histoire de la *dawaa*, c'est-à-dire les premières années de propagation de la religion musulmane au cours desquelles les fidèles avaient connu tant de souffrances.

L'action sociale des islamistes joue un rôle très important dans les différentes phases de l'endoctrinement. Dirigée vers les couches les plus défavorisées, cette action vise à séduire également une communauté otage de ses problèmes socio-économiques. Les prédicateurs intégristes sont devenus, au cours de ces dernières années, des travailleurs sociaux qui ne laissent rien au hasard : fournitures scolaires, aides financières, soutien scolaire, règlement des conflits familiaux et dons de produits alimentaires ou vestimentaires. Il n'est pas un chantier qu'ils n'aient ouvert, notamment dans les ghettos où l'action de l'État est parfois réduite à sa plus simple expression.

Tout montre que les actions des islamo-terroristes français sont savamment orchestrées et habilement coordonnées. De l'endoctrinement à l'action terroriste, chaque étape est menée avec beaucoup de minutie. On a longtemps cru, à tort, que le mouvement islamiste avait éclaté et que les rangs de la mouvance terroriste étaient disséminés en des cellules, factions et groupes qui n'avaient aucune relation entre eux. En vérité, c'est faux, et cette apparence trompeuse est même voulue. Si l'on parle de réseaux, c'est qu'il existe des connexions entre les différentes cellules islamistes et terroristes, y compris avec celles qu'on affuble d'un statut de *« modération »*. Cette manière qu'ont les intégristes de brouiller les pistes est intimement liée à la répartition des rôles et à l'organisation même de cette mouvance.

La preuve que les islamistes qui sévissent en France se connaissent et coordonnent leurs actions nous est donnée chaque jour que Dieu fait. Ainsi, *Mourad Benchellali*, l'un des *« taliban français »* arrêtés en Afghanistan, était en relation avec *Djamel Beghal*, le terroriste mis en état d'arrestation aux Émirats arabes unis, chef d'un réseau appartenant à *Al-Qaïda* qui s'apprêtait à commettre des attentats sur le sol français. Ce dernier était membre du réseau *Takfir*. Le groupe de *Beghal* agissait à Corbeil, en banlieue parisienne, et était en contact avec des cellules installées en Grande-Bretagne, en Belgique et aux Pays-Bas, mais aussi avec des groupes actifs dans différentes villes françaises. Sur l'agenda de *Djamel Beghal* figuraient les coordonnées de

Mourad Benchellali qui, lui, connaissait *Brahim Yadel*, l'autre *« taliban français »*. Celui-ci était en contact avec un certain *Farid Mellouk,* actuellement en détention pour sa participation à une entreprise terroriste. *Mellouk* fréquentait également plusieurs membres du groupe de *Khaled Kelkal. Farid Mellouk, Djamel Loiseau* ainsi qu'un autre islamiste, *Khalid Redouane*, pour ne citer qu'eux, avaient déjà été arrêtés en 1998. Ainsi, *Mellouk* connaissait *Djamel Loiseau*, un autre *« Afghan »* proche du *Tabligh*, d'islamistes tunisiens de Belleville et de membres du GIA.

Et la toile d'araignée est encore beaucoup plus complexe.

Pour preuve, en février 2002, les services de la DST (le contre-espionnage français) ont arrêté un Franco-Algérien de vingt-sept ans répondant au nom de *Yacine Akhnouche*. Ce dernier, membre d'*Al-Qaïda*, chimiste de formation, connaissait la plupart des islamo-terroristes français. Il s'était entraîné en Afghanistan avec *Zacarias Moussaoui,* mais aussi avec *Richard Reid*, ce terroriste britannique arrêté sur le vol Paris-Miami en décembre 2001 alors qu'il s'apprêtait à commettre un attentat suicide à bord de l'appareil d'American Airlines. *Yacine Akhnouche* se trouvait également en contact avec les membres du réseau *Meliani,* dirigé par *Mohamed Bensekhria* (arrêté en Espagne en juin 2001 et détenu actuellement en France). Ce groupe devait perpétrer un attentat à Strasbourg en décembre 2000. *Mohamed Bensekhria* avait été financé, pour cette opération, par le tristement célèbre *Abou Katada*, un proche d'*Oussama ben Laden* vivant à Londres.

Yacine Akhnouche connaissait *Djamel Beghal* dont le groupe s'apprêtait à commettre, lui, des attentats contre l'ambassade américaine à Paris et contre un centre culturel américain, l'*American Center*, situé dans le quartier de la Madeleine. *Akhnouche,* qui était recherché depuis début 2001, était chargé par *Al-Qaïda* d'alimenter les membres du réseau en faux papiers et en fausses cartes de crédit. Un faux passeport français confectionné en Thaïlande fut retrouvé en Allemagne, lors d'une perquisition dans un refuge terroriste. Ce faux passeport portait la photo de *Yacine Akhnouche* dès lors recherché par les polices françaises. Au moment de ses aveux, ce terroriste franco-algérien a révélé qu'il avait rencontré plusieurs lieutenants d'*Oussama ben Laden*, dont *Abou Zoubeïda*, un Saoudien d'origine palestinienne chargé de la supervision des stages d'entraînement organisés par *Al-Qaïda*. Au domicile de *Yacine Akhnouche*, les enquêteurs de la DST ont retrouvé des formules chimiques servant à la fabrication de bombes, des faux papiers et un matériel de fabrication de fausses cartes de crédit, appelées les *« Yes Card »*.

Tous les indices et toutes les informations se recoupent : *Al-Qaïda* est bel et bien installée en France à travers des réseaux actifs et d'autres dormants. Cette organisation a, bel et bien, récupéré des anciens du *Takfir*, des membres appartenant au GIA et au Groupe salafiste pour le combat, le GSPC algérien dirigé par *Hassan Hattab*. Le mouvement d'*Oussama ben Laden* bénéficie également – c'est évident – du travail de prosélytisme effectué par le *Tabligh* et d'autres mouvements et associations islamistes ayant pignon sur rue dans les banlieues françaises. À ce sujet, les aveux de *Djamel Beghal* ont été fort instructifs. Ce Franco-Algérien, qui recevait ses ordres directement de la part de proches collaborateurs d'*Oussama ben Laden,* devait constituer des commandos pour attaquer certains points sensibles comme l'ambassade des États-Unis à Paris.

Djamel Beghal avait quitté la France en 1997 pour s'installer en famille en Grande-Bretagne. À Londres, il faisait partie du groupe animé par *Abou Katada*, un proche d'*Oussama ben Laden*. *Beghal* se dirigea, par la suite, vers l'Afghanistan et y resta un certain temps pour peaufiner notamment sa formation militaire. De retour d'Afghanistan, il devait transiter par les Émirats arabes unis, le Maroc et l'Espagne avant d'arriver en France avec de faux papiers et prendre contact avec des terroristes installés dans l'Hexagone et dont il n'avait, pour la plupart, que les pseudonymes. *Beghal* devait récupérer argent, faux documents et bombes pour monter de grandes opérations terroristes. S'il est aujourd'hui entre les mains de la justice, certains de ceux qui devaient être ses complices dans ces attentats n'étaient toujours pas identifiés en août 2002. *Djamel Beghal* a cité certes quelques noms : *Nizar Trabelsi* (un ancien footballeur professionnel de nationalité tunisienne évoluant en Allemagne, devenu terroriste), *Kamel Daoudi* (un islamiste algérien spécialiste en informatique), mais il a surtout cité des pseudonymes. *Kamel Daoudi*, un

Franco-Algérien né en 1974, avait réussi à prendre la fuite lors de son arrestation. Il s'est rendu en Grande-Bretagne où il a été finalement arrêté et extradé vers la France quelques semaines après les événements du 11 septembre.

Nizar Trabelsi devait, lui, exécuter l'attentat suicide contre l'ambassade américaine à Paris en précipitant un véhicule bourré d'explosifs sur l'entrée du bâtiment. Il a été arrêté en Belgique deux jours après les attentats du 11 septembre. Chez lui, les policiers ont trouvé une arme et des produits chimiques servant à la fabrication de bombes, ainsi que des documents de propagande islamiste. *Trabelsi* connaissait des activistes tunisiens installés en France, et l'enquête révéla, par la suite, qu'il était également en contact avec des membres du GSPC algérien, installés en Europe. Ce groupe terroriste, dirigé par *Hassan Hattab*, est financé principalement par *Ben Laden.* Les membres du GSPC sont toujours en activité entre la France, l'Italie et l'Espagne. Certaines informations que j'ai pu recueillir à Madrid laissent entendre que le GSPC est présent en force dans certaines villes européennes. Des membres de cette organisation terroriste se déplaceraient souvent à l'intérieur de l'espace Schengen afin de brouiller les pistes.

Retour sur des attentats islamistes ayant visé la France ou des Français

Les intégristes algériens souhaitaient voir le gouvernement français adopter une attitude de neutralité à l'égard du conflit qui a éclaté au grand jour, entre eux et le pouvoir, au lendemain de l'arrêt du processus électoral en janvier 1992. Au cours des contacts discrets qu'ils ont pu établir avec des représentants du gouvernement français ou des membres des services secrets français, les responsables du FIS avaient promis qu'une fois au pouvoir ils établiraient une grande coopération économique entre la France et l'Algérie. Naturellement, certains courants politiques de gauche étaient tentés de voir ce que pourrait donner l'arrivée au pouvoir en Algérie d'un régime islamiste. Disons-le franchement : la droite a eu, dès son arrivée au pouvoir, une attitude beaucoup plus claire et moins permissive à l'égard de l'islamisme, contrairement à certains représentants de la gauche qui – par angélisme ou par calcul – croyaient que le terrorisme qui frappait l'Algérie ne concernait que l'Algérie. Par ailleurs, disons-le tout aussi franchement, la gauche a favorisé les associations islamistes parce que l'écrasante majorité des fanatiques vote à gauche lors des consultations populaires. Une petite illustration s'il en est : pendant les élections législatives de juin 2002, des associations dirigées par des intégristes musulmans n'ont pas hésité à appeler les membres de la communauté à voter pour les candidats du Parti socialiste (PS). Cela a été le cas à Montreuil où un obscur *« collectif de musulmans »* a appelé à *« faire barrage au député-maire de Montreuil, Jean-Pierre Brard »* et à *« voter pour Madame Mouna Viprey, représentante du PS »*. Dans le texte qui a été rendu public, ce collectif reproche, entre autres, à M. Brard d'occuper à l'Assemblée nationale, la fonction de vice-président du groupe des amis d'Israël.

Plusieurs pays ont fait cette erreur qui consistait à croire que le terrorisme islamiste était le problème des pays musulmans uniquement. Par méconnaissance du phénomène intégriste, ils n'ont pas pris en considération leur conception idéologique qui dicte à toutes les organisations islamistes, même celles dites *« modérées »*, qu'il faut *« anathématiser »* tous les États, musulmans ou pas, qui n'appliquent pas la *charia*. Les terroristes algériens ont longtemps considéré l'Hexagone comme une base arrière pour leurs actions criminelles, notamment sous le règne de François Mitterrand et le pouvoir socialiste. Des sources policières m'ont affirmé – sous le couvert de l'anonymat – que, sous la gauche, entre 1990 et 1993, les structures chargées de lutter contre le terrorisme, ont souffert du laxisme des hommes politiques.

Un exemple parmi tant d'autres : *Qamreddine Kherbane*, un islamiste virulent, habitué des camps afghans, terroriste notoire, recherché en Algérie, a habité, en toute tranquillité, à Cergy-Pontoise, en banlieue parisienne. Il possédait un permis de séjour en bonne et due forme, délivré par la préfecture du Val-d'Oise et portant le n° 953127 B. Pourtant, tous les services de renseignements savaient que cet ancien pilote de l'armée de l'air algérienne avait dirigé les entraînements de tous ceux qui avaient rejoint l'Afghanistan pour effectuer le *djihad* contre l'Armée Rouge. *Kherbane* n'a été expulsé qu'en août 1992 en raison de ses activités devenues trop voyantes. Pour l'histoire, il avait choisi le Pakistan comme terre d'accueil. Par la suite, *Kherbane* a sillonné le monde à la recherche de financements et de nouvelles recrues et, malgré son expulsion du territoire français, il n'a jamais perdu le contact avec les réseaux terroristes présents en France. Il a mené ces activités criminelles aux côtés d'*Abdellah Anas*, alias *Boudjemaa Bounoua,* autre terroriste algérien proche de *Ben Laden*, et surtout d'*Abdellah Azzem*. Outre ses relations militantes avec ce dernier, *Abdellah Anas* a également des relations familiales avec *Abdellah Azzem,* puisqu'il n'est autre que son gendre. *Abdellah Azzem* est un terroriste palestinien considéré comme l'un des idéologues contemporains du terrorisme islamiste et néanmoins mentor du milliardaire saoudien. Il a été assassiné en 1989 à Peshâwar non sans avoir fait de nombreux émules. *Anas*, c'est-à-dire *Bounoua*, est un membre du FIS qui vivait, lui, en France jusqu'à son expulsion vers le Pakistan en 1992 également.

Au cours de mon enquête, j'ai entendu à maintes reprises le nom de *Qamreddine Kherbane*. Sa trace, on la retrouve en France, en Grande-Bretagne, en Afghanistan, au Pakistan et en Bosnie. *Kherbane* devrait intéresser les polices françaises chargées de la lutte antiterroriste, d'autant plus qu'il a gardé de nombreux contacts en France, y compris auprès d'associations réputées *« modérées »*. Il travaille beaucoup sous la couverture d'ONG islamistes pour cacher ses activités terroristes. Depuis quelques années, il vit en banlieue londonienne.

En réalité, ce n'est qu'à partir du milieu des années quatre-vingt-dix que les autorités françaises ont commencé à prendre réellement conscience du danger que représentent l'intégrisme et le terrorisme. Et ce n'est donc qu'à partir de là que des réseaux ont commencé à être démantelés. Si l'action de la Brigade antiterroriste n'a pas cessé d'évoluer au cours de ces dernières années, les résultats restaient, eux, insuffisants. Unique satisfaction : cette prise de conscience gênait la quiétude qu'avaient connue les islamistes durant de nombreuses années, et ils ne pouvaient plus se comporter en France comme ils le font en Grande-Bretagne. La France n'était plus une base arrière, mais elle allait devenir un pays de transit dans lequel pouvaient encore agir les réseaux de soutien, et où les réseaux dormants se faisaient encore plus discrets. C'est ainsi que, progressivement, la France devint un pays ennemi. Aujourd'hui, il ne faut surtout pas croire que l'unique objectif des terroristes consiste à frapper les Américains. Ils ont bien essayé de perpétrer un attentat contre l'ambassade des États-Unis à Paris et pourront cibler d'autres points sensibles. Partant de là, la menace est donc réelle quand bien même elle serait ponctuelle.

Après avoir longtemps utilisé le territoire français comme zone de transit et comme base arrière, les terroristes algériens n'ont pas renoncé pour autant à s'attaquer à la France. Cette menace est devenue réelle dès lors que les autorités officielles ont commencé à avoir une position plus ferme et plus claire à l'égard du terrorisme. Cette réorientation de la politique française a curieusement coïncidé avec l'arrivée de la droite au pouvoir. Tous les attentats ont eu d'ailleurs lieu alors que la droite dirigeait le gouvernement ou après son arrivée à l'Élysée en 1995.

L'ancien chef des Groupes islamistes armés (GIA), *Djamel Zitouni*, alias *Abou Abderrahmane Amine* – tué par ses pairs en 1996 – n'a pas cessé de menacer les autorités françaises. C'est lui qui avait ordonné le détournement de l'Airbus d'Air France et les attentats de 1995. *Djamel Zitouni,* instigateur aussi de l'enlèvement et de l'assassinat des moines de Tibhirine, à une centaine de kilomètres d'Alger, en mars 1996, était très hostile à l'égard de la France qui a toujours occupé une place de choix dans le discours des intégristes algériens et ce avant même l'arrêt du processus électoral. *Ali Benhadj*, le numéro deux du FIS, ne cessait de menacer, en des termes à peine voilés, la France et les francophones algériens, accusés de *« corrompre la société algérienne et de l'éloigner de sa religion »*. Le *leader* islamiste, qui avait perdu son père pendant la guerre d'indépendance, n'avait, visiblement, toujours pas tourné la page, puisqu'il continuait de considérer la France comme un pays *« ennemi de l'Algérie »*.

Le même *Djamel Zitouni* avait adressé une lettre ouverte au Président Jacques Chirac, en octobre 1995, pour lui demander, entre autres, de se convertir à l'islam, de promulguer en France la loi islamique et pour revendiquer les attentats qui avaient visé la France entre juillet et octobre de la même année. *« Embrassez l'islam et vous aurez la paix »*, disaient, en substance, les intégristes à Jacques Chirac. Bien que l'injonction faite au Président français de se convertir à l'islam puisse paraître anecdotique pour ceux qui ne connaissent pas la nature des fondamentalistes, cette attitude n'en est pas moins, pour eux, tout à fait normale. En effet, les fanatiques se croient porteurs d'un mandat divin qui consiste à islamiser l'ensemble de la planète. Il ne faut jamais oublier cette vérité axiomatique.

Une semaine après la lettre de *Djamel Zitouni*, *Al Ansar*, l'organe de propagande du GIA distribué à Londres, publiait des menaces claires prévenant que l'engagement de la France *« dans les sables mouvants algériens serait un suicide »*. La caricature qui accompagnait ce texte représentait une explosion qui soufflait la tour Eiffel. Quelques jours plus tard, une bombe explosait à la station du RER Musée-d'Orsay.

Dès le début des années quatre-vingt-dix, les islamistes ont eu, des divergences de vue sur la manière dont ils devaient considérer la France. Ces divergences ont partagé notamment les islamistes algériens. À ce jour, il existe un courant qui souhaite que ce pays soit traité comme *« une base arrière et une base de repli »* du terrorisme et un autre qui estime que la France est un *« pays ennemi qui doit être combattu »*. Les représentants du premier courant, certains des activistes du FIS ayant fui l'Algérie au lendemain de l'arrêt du processus électoral en 1992 et qui, pour la plupart, étaient activement recherchés par les services algériens de sécurité, avaient pu trouver sur le sol français la solidarité de quelques milieux médiatiques et politiques, ainsi qu'un statut de *« réfugié politique »* qui leur permettait de poursuivre leurs activités en toute quiétude. Le second courant, composé essentiellement de *salafistes,* voyait la France et ses responsables politiques comme des alliés du pouvoir algérien qu'il fallait donc absolument combattre.

Les divergences entre ces deux courants ont été sanglantes : l'imam *Abdelbaki Sahraoui*, un des cofondateurs du FIS qui officiait à la mosquée de la rue Myrha, à Paris, faisait partie du premier courant et avait décidé de considérer la France comme *« dar essalem »* (maison de la paix). Cette décision avait été prise – il faut le préciser encore une fois – dans le but de faire du territoire français une base arrière, et une base de repli, à partir de laquelle seraient lancées les actions terroristes, politiques et propagandistes des islamistes. L'imam *Sahraoui* fut assassiné le 11 juillet 1995 à Paris, sur ordre de *Djamel Zitouni*, alors émir national du GIA qui était, lui, farouchement hostile à la France et estimait que ce pays était une *« dar el harb »* (maison de la guerre). C'est dire que la France était, bien avant le 11 septembre, ciblée par plusieurs factions terroristes. D'ailleurs, ce sont ceux qui voulaient considérer la France comme *« dar el harb »* qui ont fini par l'emporter sur les autres. En réalité, depuis 1995, les menaces en direction de la France n'ont jamais cessé. Un groupe terroriste algérien qui se fait appeler *Al Baqoun ala ahd* (les Fidèles au serment), une organisation très proche de *Qamreddine Kherbane,* déclara, à son tour en 1997 que *« la guerre contre la France était devenue un devoir légal ».*

Cela dit, *Djamel Zitouni* fut le premier islamiste algérien à exporter le terrorisme vers l'Hexagone. En effet, il faut garder à l'esprit que la France a failli vivre, elle aussi, son 11 septembre un certain 24 décembre 1994. Ce jour-là, des hommes de *Djamel Zitouni* s'emparèrent d'un Airbus A 300 d'Air France qui s'apprêtait à décoller de l'aéroport d'Alger pour effectuer le vol AF 8969 censé relier la capitale algérienne à Paris. Au cours de cette prise d'otages, les terroristes tuèrent trois passagers : un policier algérien, un citoyen vietnamien et Yannick Beugnet, un Français, cuisinier à l'ambassade de France à Alger. On sut plus tard que les terroristes projetaient de faire s'écraser l'avion sur Paris. Les rescapés de ce détournement sanglant et des terroristes algériens *« repentis »* le confirmèrent. Pas seulement : au cours d'une conférence de presse donnée à l'issue de cette prise d'otages, le 27 décembre 1994, par Charles Pasqua, alors ministre de l'Intérieur, ce dernier affirma qu'*« en réalité, l'objectif des terroristes était une opération suicide sur Paris »*, c'est-à-dire un 11 septembre 2001 avant l'heure. Certaines sources dirent que les terroristes voulaient précipiter l'avion sur la tour Eiffel, d'autres sources affirmèrent, quant à elles, que l'appareil devait s'écraser sur les Champs-Élysées. On ne connaîtra sûrement jamais les véritables plans des terroristes. Ces derniers, après avoir fait décoller l'avion d'Alger, durent accepter, bon gré mal gré, une escale à Marseille où ils furent éliminés à la suite de l'action d'un commando d'élite du Groupement d'intervention de la gendarmerie nationale, le GIGN.

Les terroristes du GIA, quatre Algérois, *Salim Layadi*, *Mekhlouf Benguettaf*, *Mustapha Chekiène* et *Yahia Abdellah*, étaient sous les ordres de *Djamel Zitouni*. C'est le nommé *Yahia Abdellah* qui avait dirigé l'opération. Au départ, le détournement devait avoir lieu le 31 décembre 1994. Au cours d'un accrochage avec des membres du GIA, la veille du 24 décembre, les services algériens de sécurité mirent la main sur un terroriste qui devait faire partie des pirates de l'air. *Yahia Abdellah*, de peur que son complice ne divulguât le projet à la police algérienne, avança la date du détournement au 24 décembre et ne monta dans l'avion qu'avec trois autres complices, alors que l'opération devait se faire avec une dizaine de terroristes, dont l'émir *Abdellah Kronfel*, un dangereux criminel, bras droit de *Djamel Zitouni*, qui écumait la région d'Alger, semant sur son passage la mort et la terreur. Profitant de la complicité de deux employés de la compagnie française et utilisant de fausses cartes de police, le groupe terroriste arriva à pénétrer dans l'avion quelques minutes avant son décollage.

Yahia Abdellah, un homme sanguinaire qui faisait partie du groupe *Zitouni*, n'en était pas à sa première opération contre des intérêts français. En octobre 1993, il avait participé à l'enlèvement des trois agents consulaires français accrédités à Alger (libérés sains et saufs par les services algériens de sécurité) et, en août 1994, il participait à l'assassinat de cinq gendarmes français qui étaient en poste dans la capitale algérienne. *Yahia* ne pouvait donc pas être un inconnu pour les autorités françaises. En effet, l'enquête révéla par la suite que son père et son frère étaient des employés de l'ambassade de France. Le premier était jardinier et le second, chauffeur. Les pirates de l'air s'étaient également entraînés durant le début des années quatre-vingt-dix dans les camps du *Hezbollah* libanais. Des informations qui avaient visiblement échappé aux services français de renseignement, sinon comment expliquer le fait que des proches d'un terroriste islamiste aient été des employés de l'ambassade de France à Alger ! C'est ce qu'on appelle aussi le manque de vigilance...

Quoi qu'il en soit, les quatre pirates de l'air, après avoir exigé le décollage de l'avion de l'aéroport *Houari Boumediene*, furent contraints d'accepter un atterrissage à Marseille. Les autorités françaises avaient prétexté la nécessité d'une escale technique, gagnant ainsi du temps pour préparer le dispositif d'intervention qui devait neutraliser les terroristes. En réalité, cette escale n'était pas nécessaire, et l'avion disposait de suffisamment de kérosène pour se rendre jusqu'à Paris. S'ils avaient forcé le commandement de bord à aller directement vers la capitale, l'avion aurait été abattu en plein vol. Les autorités civiles et militaires avaient, en effet, donné l'ordre aux avions de chasse français de se mettre en alerte. Finalement, le scénario de Marseille se révéla le moins dramatique, puisque si l'avion n'avait pas atterri à l'aéroport de la cité phocéenne, il se serait écrasé sur la capitale (ou sur une autre ville française) ou bien il aurait été abattu en vol avec ses cent soixante-douze passagers (membres de l'équipage compris) dont trente-huit Français.

Au lendemain de l'élimination de ce commando du GIA, les hommes de *Djamel Zitouni* assassinèrent, en guise de représailles, quatre pères blancs installés en Kabylie (Algérie), trois Français (Jean Chevillard, Alain Dieulangard et Christian Cheissel) et un Belge (Charles Deckers). Quelques jours après ce détournement d'avion, dans un éditorial que publia à Londres *Al Ansar*, le bulletin islamiste, il était écrit que cette opération [le détournement d'avion] n'était qu'un avertissement et que *« d'autres messages plus clairs suivront »*.

La capitale parisienne connut par la suite – entre juillet et septembre 1995 – des jours très tendus : plusieurs bombes explosèrent dans des lieux publics, dans le métro notamment, tuant une dizaine de personnes et blessant une centaine d'autres. Pour perpétrer ces attentats, *Djamel Zitouni* demanda à *Abdellah Kronfel* de coordonner avec le dénommé *Ali Touchent,* installé en France, des actions terroristes visant l'Hexagone.

Ali Touchent était un des émirs du GIA, chargé par *Zitouni* d'exporter le *djihad* en France. Il dirigeait les réseaux dormants jusqu'au jour où il reçut le signal de *Kronfel.* Agissant sous le pseudonyme de *« Tarek »*, *Ali Touchent* n'a guère le profil du terroriste classique. Né à Alger en

1967, il s'installe en France en 1988 pour poursuivre ses études en architecture. Vivant de petits boulots, il loue un appartement dans le Val-de-Marne peu après son arrivée. Il retourne à Alger pour les vacances, et c'est au cours de ces séjours effectués dans le pays qu'il entre en contact avec la mouvance islamiste qui, rapidement, l'endoctrine. À la suite des événements qu'a vécus l'Algérie, il s'engage aux côtés de ses *«frères»* pour mener le *djihad*. Dans un premier temps, il s'occupe, en France, de la logistique, avant de constituer un réseau terroriste dont il sera le chef. C'est ainsi qu'il deviendra le coordinateur des actions terroristes menées dans l'Hexagone. Au nombre de ses hommes, il y aura *Belkacem Aït Ali*, *Boualem Bensaïd*, *Houari Benslimane*, *Khaled Kelkal* et *Rachid Ramda*, des terroristes tous impliqués dans les attentats de 1995. Activement recherché par les polices algérienne et française, *Ali Touchent* sera finalement abattu à Alger le 23 mai 1997, par la police locale. Il avait réussi à quitter la France et rallier l'Algérie *via* un autre pays européen, grâce à de faux papiers. *Khaled Kelkal*, lui, a été tué par des gendarmes français dans le bois de Malval, près de Lyon, où il s'était réfugié. La plupart de leurs complices ont été arrêtés, c'est ainsi que le *«réseau Touchent»* a été démantelé, du moins en grande partie. On sait aujourd'hui que les attentats de 1995 ont été financés à partir de Londres par *Rachid Ramda*, un autre islamiste algérien établi en Grande-Bretagne. Le même homme recevait régulièrement de l'argent de la part des financiers d'*Oussama ben Laden*. L'enquête révéla par la suite que les attentats de Paris eurent lieu grâce également à la complicité d'autres réseaux, implantés notamment en Suisse, en Suède, en Italie et en Belgique. À chaque fois, on retrouvait des proches d'*Oussama ben Laden* et du GIA algérien.

Le nom d'*Ali Touchent* est revenu sur le devant de la scène quelques années plus tard, ainsi que celui de la plupart des terroristes impliqués dans les attentats de 1995 et ce au cours de l'affaire *Chalabi*. Certains membres du réseau *Kelkal* ont été arrêtés entre 1997 et 1998. Selon des sources proches de l'enquête sur les réseaux terroristes, d'autres activistes n'ont même pas encore été identifiés. Cette thèse a pu être vérifiée au cours d'un procès concernant une autre affaire, celle de *Fateh Kamel*, terroriste en relation avec *Rachid Fettar*, lui-même proche d'*Ali Touchent*. C'est dire que le puzzle est loin d'être complet. Chaque arrestation, chaque réseau démantelé apporte son lot d'informations aux enquêteurs qui mènent d'ailleurs une course contre la montre puisqu'il est connu que les réseaux terroristes ont une capacité incroyable de renouvellement. Les enquêteurs ont découvert que *Rachid Fettar* était en contact avec le fameux *Rachid Ramda*, considéré donc comme le principal financier de la vague d'attentats de 1995. Ce qu'il faut garder à l'esprit, c'est que tous ces réseaux étaient également en liaison avec certains autres installés dans des pays européens, aux États-Unis, au Pakistan et en Afghanistan.

Mohamed Badache, un autre islamo-terroriste proche de *Ben Laden* était chargé de l'accueil des islamistes *« européens »* dans les camps d'entraînement pakistanais. Il était en contact avec pratiquement tous les terroristes impliqués dans les attentats de Paris et les membres des réseaux qui ont été démantelés par la suite. *Badache*, actuellement en prison, homme de main d'*Al-Qaïda* connaissait, lui aussi, *Farid Mellouk*, en liaison, lui, avec *Touchent*, *Kelkal*, *Ramda* et les autres membres des différents réseaux. Tout ce beau monde était également en relation avec les *Abou Katada*, *Abou Hamza* et consorts, les véritables chefs des réseaux européens qui agissent en toute impunité à partir du territoire britannique.

Antar Zouabri, alias *Abou Talha* – éliminé par les services algériens de sécurité en 2002 –, successeur de *Djamel Zitouni* à la tête du GIA, avait endossé à son tour, en 1996 et 1998, un texte dans lequel il était écrit en substance : *« La France fournit toutes les raisons qui justifient notre combat contre sa politique. La France combat les musulmans et soutient publiquement les impies. C'est pourquoi nous maintenons, face à ce pays, la même attitude que celle que suivaient nos prédécesseurs, les émirs du GIA. »* En menaçant la France en ces termes, *Antar Zouabri* déclarait clairement que le GIA ne comptait pas revoir sa politique à l'égard des autorités françaises. Le chef du GIA confirmait sa position dans une interview parue dans les colonnes du bulletin *Al Ansar*. On pouvait lire en effet : *« Notre position à l'égard de la France et de ses semblables est une position légitime et n'est pas dictée par la raison et les intérêts. La France réunit toutes les raisons qui justifient qu'on la combatte, qu'il s'agisse de la chasse qu'elle livre aux musulmans ou de l'appui qu'elle apporte aux apostats. Les choses n'ont pas changé. En conséquence, notre attitude à l'égard de la France est la même que celle des frères qui nous ont précédés.* »

On pourrait se demander quelles étaient les raisons qui poussaient les islamistes à prendre pour cible le territoire français. *A priori*, aucune raison évidente ne justifierait cela. Néanmoins, il faut garder à l'esprit que les terroristes islamistes déclarent *« la guerre »* à tous ceux qui leur sont différents ou qui refusent d'adhérer à leur démarche.

Les actions qu'ils ont pu mener au cours des dix dernières années à travers le monde sont davantage des actions de représailles que des actions violentes soutenues par une politique cohérente. En termes de représailles, la France est un pays qui est ciblé pour plusieurs raisons, à commencer par son statut de pays laïque, considéré donc comme *« apostat »* par les intégristes.

Autre raison. Les États-Unis, l'ennemi numéro un des intégristes depuis la guerre du Golfe, la France, qui a également pris part à la coalition contre *Saddam Hussein*, la Grande-Bretagne, l'alliée traditionnelle des Américains, ainsi que la plupart des autres pays européens sont devenus des cibles pour les terroristes islamistes. La France qui a participé à la guerre du Golfe, à celle contre les taliban et à la lutte contre les réseaux terroristes est donc devenue forcément une cible, au même titre que les États-Unis. L'État français est, par ailleurs, considéré par les islamistes comme *« complice »* du pouvoir algérien qui continue de mener sa lutte contre le terrorisme. Ces trois raisons principales – et il en existe d'autres – sont, à elles seules, des motifs suffisants qui mettent *de facto* la France dans la ligne de mire, en position d'ennemi par rapport à l'Internationale terroriste.

CHAPITRE 3

Comment et pourquoi devient-on islamiste en France ?

Une dizaine d'islamistes français ont été arrêtés par les Américains en Afghanistan. Des Français d'origine maghrébine ou des Maghrébins résidant en France faisaient partie de la légion arabe d'*Oussama ben Laden*. Des noms tels ceux de *Zaccaria Moussaoui, Hervé Djamel Loiseau, Mourad Benchellali* et *Brahim Yadel* sont désormais connus de l'opinion. Tous sont des Français d'origine maghrébine. Ils sont tous passés par les camps d'entraînement d'*Al-Qaïda*. Naturellement, ils ne sont pas les seuls. Des témoignages, recueillis au Pakistan, m'ont révélé que près de cinq cents Maghrébins étaient passés par les écoles coraniques. Plus d'une centaine d'entre eux sont de nationalité française ou résident en France. Chiffre confirmé par les services français du renseignement qui avancent un chiffre allant de quatre-vingts à cent Français figurant sur les listes d'*Al-Qaïda*, ce qui est naturellement énorme. Néanmoins, on estime à près de quatre cents le nombre de Français qui ont été formés dans des camps afghans depuis le début des années quatre-vingt-dix. J'ai même entendu parler, lors de mon séjour dans la région, de l'existence d'un camp conçu spécialement pour accueillir les Français et quelques autres Européens convertis.

Si ces islamistes ont reçu une formation idéologique dans les écoles coraniques, ils ont également suivi une formation militaire afin de maîtriser les techniques du terrorisme et de la guérilla urbaine. Ils ont tous eu un entraînement militaire au Pakistan, en Afghanistan, en Bosnie ou ailleurs.

Les premiers pas de l'islamisme en France ont eu lieu dans les foyers Sonacotra au début des années quatre-vingt. L'Iran venait de vivre sa révolution islamique (1979), et une partie de la communauté musulmane montrait une certaine fascination pour ce nouveau *« projet de société »*. À cette époque, rappelons-nous, un vent de contestation et une série de grèves avaient traversé les milieux des travailleurs immigrés qui se plaignaient des prix des loyers dans les foyers Sonacotra. Certains prédicateurs islamistes n'avaient pas tardé à saisir l'occasion au vol et faire passer aux mécontents un message extrémiste. Il est connu que les prédicateurs agissent toujours avec opportunisme au sein des mouvements de contestation en tentant de les récupérer à leur profit. À l'époque, les réseaux iraniens étaient très actifs en France et avaient réussi à endoctriner un certain nombre de personnes. Les mouvements *salafistes,* qui recrutaient alors des *moudjahidine* pour aller combattre les Russes sur le front afghan, faisaient de même. À la même période, plusieurs associations islamistes allaient naître et ne tarderaient pas à infiltrer une grande partie de la communauté musulmane.

Néanmoins, la première véritable percée de l'islamisme en France a eu lieu au début des années quatre-vingt-dix. Deux moments historiques ont alimenté la propagation du fondamentalisme au sein de la communauté musulmane : la guerre du Golfe et la montée de l'islamisme dans les pays maghrébins, principalement en Algérie. La coalition internationale contre l'Irak a été perçue comme une grande injustice par les jeunes *beurs* notamment. Les prédicateurs et autres imams en ont profité pour condamner avec virulence les attaques contre l'Irak, ce qui n'a pas manqué de galvaniser les jeunes des banlieues.

À cette époque, plusieurs d'entre eux avaient commencé à fréquenter les mosquées et à suivre la voie de l'islamisme. Certains avaient même émis le souhait d'aller combattre aux côtés de leurs *« frères »* irakiens. De même, la détérioration de la situation politico-sécuritaire en Algérie et la propagande menée tambour battant par les activistes en France et en Europe en faveur du FIS a poussé plusieurs jeunes à avoir de la sympathie pour le parti islamiste algérien, qui était alors présenté comme une *« victime »* du pouvoir militaire. Là aussi, des jeunes d'origine algérienne se sont *« réislamisés »* par dizaines dans les banlieues. Certains d'entre eux ont même rejoint les maquis du GIA pour mener le *« djihad »*. D'autres ont été récupérés par des réseaux de soutien installés en France. Pendant plusieurs années, les services français du renseignement n'ont pas voulu croire en l'existence d'une Internationale islamo-terroriste. Comme leurs homologues européens et américains, ils croyaient que cette question ne pouvait pas représenter une menace réelle pour le monde occidental. C'est à partir de l'année 1994 que les autorités françaises ont pris conscience du danger.

Selon des articles de presse, l'attention de la Direction centrale des Renseignements généraux (DCRG) avait été attirée par les activités douteuses d'une association islamiste dans le Val-de-Marne, dénommée l'Association éducative des musulmans de France (AEMF). Des jeunes appartenant à cette association commençaient à avoir un comportement fanatique et devenaient très agressifs à l'égard de leurs professeurs et de leurs parents, reprochant à ces derniers leur manque de pratique religieuse. L'enquête des RG démontra que l'AEMF n'était pas une association culturelle mais une école coranique chargée de l'endoctrinement des jeunes *beurs*. À sa tête, deux délinquants connus des services de police : les frères *Mohamed et Brahim Chalabi*. Ils étaient, en réalité, des membres d'un réseau terroriste international dont les ramifications s'étendaient en Grande-Bretagne, en Belgique, en Algérie, en Bosnie, au Pakistan, en Suisse et en Afghanistan. La France allait découvrir ce qu'on allait appeler plus tard *« la filière afghane »*. En effet, la majorité des islamistes en relation avec les frères *Chalabi* avaient un point commun : ils avaient séjourné dans les camps d'entraînement afghans pour y recevoir une formation militaire ou, à tout le moins, ils avaient suivi un enseignement religieux dans les écoles pakistanaises. Cette association entretenait des relations normales avec d'autres associations réputées pourtant *« modérées »*. N'est-ce pas là un autre indice qui montre que même les islamistes dits *« modérés »* sont en contact avec les réseaux terroristes internationaux ?

Les problèmes identitaires, culturels et socio-économiques ne sont pas les seules raisons qui poussent les jeunes *beurs* à aller vers l'islamisme et le terrorisme. La crise du Proche-Orient joue, par exemple, un rôle important, notamment lors de l'endoctrinement des jeunes recrues. Il n'est un secret pour personne que l'Internationale islamiste utilise le conflit israélo-palestinien comme un abcès de fixation pour légitimer ses actions destructrices. Lors de ses passages sur la chaîne arabe *Al Jazira*, *Oussama ben Laden* a, à chaque fois, fait allusion au combat du peuple palestinien et il n'a pas manqué de souligner, sur un ton menaçant : *« Les Juifs et les Occidentaux ne vivront pas en paix tant que les Palestiniens n'auront pas recouvré leur dignité. »*

Pour les intégristes, cette question est d'autant plus importante que le troisième lieu saint de l'islam se trouve à Jérusalem, ville sous autorité israélienne. Dans certaines de leurs interprétations, il est même dit que *« la dernière prière du vendredi, avant l'apocalypse et le jugement dernier, aura lieu à la grande mosquée de Jérusalem après que les musulmans auront vaincu les mécréants »*. Les jeunes des banlieues sont très sensibles à ce genre de discours enrobé de mysticisme et portent rarement un jugement critique sur ce qui est présenté comme *« parole divine »*. Il est donc évident que les problèmes du Proche-Orient constituent un fonds de commerce inépuisable pour les troupes de *Ben Laden*, et c'est la raison pour laquelle ce qui se passe à Jénine, Jérusalem ou Gaza est souvent importé en France, ce qui sert à alimenter les rancœurs, favoriser le communautarisme et créer un climat de tension. À ce sujet, les islamistes sont les premiers à entretenir l'amalgame entre sionisme et judaïsme. La montée de la judéophobie, de l'antijudaïsme et de l'antisémitisme – pour utiliser les trois termes qui reviennent souvent – correspond toujours à une période explosive au Proche-Orient. On peut avancer d'ores et déjà que le danger islamo-terroriste ne sera pas définitivement écarté tant que le problème israélo-palestinien restera en l'état. Ce qui est grave, au sujet de ce conflit, c'est de constater que même ceux qui se présentent comme des détracteurs acharnés de l'intégrisme musulman versent dans un certain extrémisme dès que la question du Proche-Orient est mise sur le tapis.

J'ai été insulté, traité de *« prosioniste »* et d'*« antipalestinien »*, voire de... *« sale juif »*, pour avoir dénoncé, dans une contribution à l'hebdomadaire *Marianne*, le terrorisme islamiste qui frappe également Israël. Même des musulmans français, qui n'avaient rien à voir avec l'islamisme et qui ne cessent de condamner le terrorisme, se sont dit *« choqués »* par le contenu de ma sortie médiatique. C'est dire que la pensée intégriste est présente sans que certains s'en aperçoivent. La pensée intégriste, c'est cette monstrueuse logique qui anime des intellectuels musulmans, des États arabes qui dénoncent le terrorisme islamiste partout... et le saluent presque quand il frappe en Israël. Pour preuve, les ministres arabes de l'Intérieur n'ont pas hésité, au cours d'une réunion en janvier 2002, à saluer *« la résistance du peuple palestinien »*, alors que, la même semaine, plusieurs bombes et attentats suicides coûtèrent la vie à des dizaines de civils israéliens. Parmi ces ministres, il y avait notamment les ministres algérien, égyptien et yéménite dont les pays font face pourtant au même terrorisme islamiste que celui pratiqué par les organisations terroristes palestiniennes que sont le *Hamas* et le *Djihad islamique.*

J'ai, tout au long de cet ouvrage, décrit les islamistes issus de cette communauté d'origine musulmane, mais j'ai très peu évoqué ceux d'origine européenne, c'est-à-dire les nouveaux convertis. Il en existe, selon certaines estimations, près de cinq mille en France. Un nombre qui risque d'augmenter à l'avenir car, chaque année, la religion musulmane enregistre l'arrivée de quelques dizaines de ces nouveaux fidèles. En réalité, le problème n'est pas dans la conversion en elle-même : chaque individu est en droit de choisir sa religion ou sa croyance. Le problème réside dans le fait que certains d'entre eux embrassent non pas l'islam, mais une voie extrémiste qui mène directement au terrorisme. Cela démontre en partie que le problème de l'intégrisme n'est pas exclusivement lié aux personnes d'origine arabe, comme seraient tentés de le croire certains milieux qui ne cessent de faire dans la dérive littéraire. Les raisons qui mènent des Français dits *« de souche »* vers cette voie sont pratiquement identiques à celles qui mènent des musulmans d'origine maghrébine ou arabe vers l'islamisme. Le manque de repères sociaux, les échecs, la déception, le mal-être, le rejet de la société d'aujourd'hui, les problèmes existentiels, le myticisme qui accompagne l'idéologie islamique et j'en passe, sont autant de raisons qui jettent des personnes – souvent vulnérables dans les bras de prédicateurs qui ne cherchent qu'à endoctriner pour faire grossir les rangs de la *oumma*, cette grande communauté musulmane, principal fantasme des islamistes et de certains musulmans très conservateurs.

Au cours des rencontres de l'UOIF, organisées chaque année au Bourget (Seine-Saint-Denis), on peut aisément constater l'étendue de la mouvance islamiste française. Largement inspirée par l'idéologie des Frères musulmans, l'UOIF arrive à rassembler des dizaines de milliers de personnes et propage son message antilaïque et antirépublicain à travers des livres ou des cassettes qu'elle met à la disposition du public. La question du voile demeure l'une de ses préoccupations majeures. Elle espère d'ailleurs imposer son point de vue à l'administration.

Durant la rencontre de l'année 2002, tout le monde aura remarqué la présence du *cheikh Issam Al-Bachir*, ministre soudanais des Affaires religieuses, mais aussi celle de *Mahfoud Nahnah*, le représentant algérien des Frères musulmans et chef du Mouvement de la société pour la paix (MSP), un parti islamiste algérien dit *« modéré »*. C'est lors de telles rencontres qu'on s'aperçoit que l'islamisme constitue pour la France un problème réel. D'ailleurs, les membres de l'UOIF ne cessent de recruter dans les banlieues et auprès de la communauté musulmane de nouveaux militants et de demander en même temps *« une plus grande place pour l'islam »*. Cette revendication veut dire, en clair, l'acceptation par les autorités françaises du port du voile à l'école, la création d'écoles coraniques, l'acceptation de la polygamie, le refus de la mixité dans certains lieux, l'interdiction d'ouvrages jugés *« offensants »* pour l'islam, l'introduction de la viande-*halal* dans les cantines scolaires et la prohibition dans les cités de tout ce qui pourrait être contradictoire avec l'idéologie islamiste. C'est-à-dire l'instauration, en quelque sorte, d'une *charia* déguisée dans les banlieues françaises.

L'UOIF ne cesse de consolider ses positions dans le but non avoué de créer le premier parti politique islamique de France et de pouvoir peser un jour sur la décision, ce qui ne manquera pas de constituer une menace pour la laïcité et les principes républicains voire même pour la France en tant qu'État. Cette organisation islamiste recrute ses militants dans les banlieues, les couches défavorisées mais aussi dans les milieux estudiantins. Usant et abusant d'une hypocrite rhétorique de victimisation, et sous couvert de prôner le multiculturalisme, elle encourage en fait le communautarisme et le repli sur soi. Elle manipule les événements, les mots et le mal-vivre ; elle récupère les incidents et les problèmes internationaux pour présenter, sans le dire, la France comme un pays *« islamophobe »*, le monde occidental comme *« raciste »* et conspuer les intellectuels qui combattent leur idéologie. Plusieurs témoins m'ont appris que, lors de la réunion de 2002 du Bourget, il y avait un écriteau en arabe que peu de gens ont remarqué et sur lequel on pouvait lire : *« Maudite soit la France. »* Et ce sont des *« modérés »* qui le disent...

Comment et pourquoi devient-on terroriste en France ?

Quelle explication donner à ce phénomène ? Qu'est-ce qui pousse un jeune né en France, ayant fréquenté une école laïque, évolué dans une société moderne, à choisir la voie du terrorisme ? Répondre à ces questions, ce sera certainement résoudre une partie du problème. Les *beurs* qui ont versé dans l'islamisme et, par la suite, dans le terrorisme éprouvent en réalité un sentiment d'attraction/répulsion, un sentiment d'amour/haine vis-à-vis de la France, des Français et de la culture française qu'ils connaissent souvent si bien. Certains islamistes français avec lesquels j'ai pu discuter en me faisant passer pour un des leurs m'ont pratiquement tous exprimé une certaine amertume à l'égard d'une société qui manque parfois de tolérance et qui, mue par des clichés, dévie vers la discrimination, l'exclusion et le racisme. Les mêmes *« arguments »* reviennent dans toutes les conversations : *« Les Français ne veulent pas donner du travail aux musulmans... Ils nous considèrent comme des sous-hommes... Après nous avoir colonisés, ils cherchent toujours à nous humilier.»* À tort ou raison, les islamistes fraîchement endoctrinés utilisent fréquemment ce genre de discours. Du coup, leur *«combat»* (c'est-à-dire le terrorisme) est perçu par eux comme une lutte révolutionnaire et *Ben Laden* devient leur Che Guevara. Voir la réalité en face devient donc nécessaire. Sans vouloir justifier l'injustifiable, et en tentant seulement d'expliquer ce qui pourrait l'être, on s'aperçoit que ces terroristes, qui ont souvent entre dix-huit et trente ans, pourraient être également le produit d'une société moderne où sévit un individualisme ravageur. Il est évident que ces jeunes gens ne sont pas nés terroristes, ils sont devenus au cours d'un parcours, souvent jonché d'embûches, de véritables monstres, des outils de la mort et de la désolation. Il faudrait, je le pense, explorer également cette voie avec l'espoir de récupérer ceux qui pourraient l'être encore.

La violence, véhiculée par le cinéma américain notamment, joue un rôle important dans certains phénomènes qu'on observe aujourd'hui en France. Il est clair que le jeune terroriste ne se voit pas comme un hors-la-loi mais plutôt comme un héros, un Robin des Bois des temps modernes, qui se bat davantage contre un système, source de tous ses malheurs. Dans plusieurs pays où des jeunes ont versé dans le terrorisme et l'action violente, il a été observé que certains d'entre eux étaient des fans des Rambo ou Rocky, incarnés au cinéma par Sylvester Stallone ; des admirateurs des muscles d'Arnold Schwarzenegger, des adeptes des scènes de karaté et des *«as de la gâchette»* qui attirent tant de jeunes. Les événements du 11 septembre auraient pu sortir d'une méga-production hollywoodienne tant le décor planté donnait une impression de déjà-vu dans des salles obscures. Quand on voit aujourd'hui l'influence du cinéma sur des jeunes qui se rendent coupables, non pas de terrorisme mais de simples actes d'incivilité, l'on ne peut s'empêcher de se demander si les productions cinématographiques n'ont pas, elles aussi, leur part de responsabilité. Depuis une quarantaine d'années, l'équivalent de près de deux générations, le cinéma a trouvé dans les scènes violentes un fonds de commerce inépuisable.

Cela dit, je ne vais pas réduire les raisons qui poussent des jeunes vers le terrorisme à des questions relatives à la vie quotidienne, aux problèmes économiques ou identitaires, voire au cinéma. Ce serait absurde. Tous ces aspects font en réalité partie d'un tout, d'un système. Gardons néanmoins à l'esprit que, si les terroristes islamistes sont prêts à se faire exploser, à mourir déchiquetés, c'est, avant tout, parce qu'ils croient profondément à la cause pour laquelle ils se battent. Si les kamikazes japonais se faisaient exploser avec leur avion durant la Seconde Guerre mondiale, c'était pour l'empire nippon et par fidélité envers l'empereur. Les terroristes islamistes se font exploser aujourd'hui non pas pour un pays ou pour un homme, mais pour Dieu et pour *« la récompense suprême »* qu'est le paradis. Ce n'est pas l'unique différence puisque si les Japonais s'attaquaient exclusivement à des cibles militaires, les kamikazes islamistes privilégient, eux, les cibles civils. C'est d'ailleurs le propre du terrorisme intégriste. Si des jeunes Français s'orientent vers le terrorisme, c'est aussi pour essayer de créer un autre système, une autre société, et pour bousculer l'ordre établi. Et il ne faut surtout pas croire – histoire de se rassurer – que les terroristes islamistes n'ont pas de projet de société ou de programme politique. À ce sujet, je ne peux cacher ma surprise face aux affirmations d'Olivier Roy, un des spécialistes de l'islam politique qui dans son livre intitulé *Généalogie de l'islamisme* (Hachette littérature) écrit : *« Une chose est étrange chez Ben Laden : derrière l'extrême violence de l'action, il n'y a aucun programme politique, aucun projet de société et... aucune revendication. »* Je ne peux adhérer à cette thèse puisque je crois, bien au contraire, que *Ben Laden* et tous les islamistes à travers le monde ont bel et bien un projet de société et un programme politique, voire une revendication dans le cas des attentats contre les Américains.

Concernant ce dernier point, *Ben Laden* et les dirigeants des autres factions terroristes ne cessent, depuis la guerre du Golfe, de réclamer le retrait des troupes américaines présentes sur le sol saoudien considéré comme *« sacré et interdit aux non-musulmans »*. Autre revendication, *« la libération de la ville de Jérusalem, ce troisième lieu saint de l'islam occupé par les Israéliens »*. Les islamistes demandent, par ailleurs, aux Américains et aux Occidentaux de ne plus soutenir les régimes arabes considérés par eux comme *« apostats et corrompus »*. S'agissant du *« projet de société des islamistes »*, il est axé autour de la *charia* et s'inscrit en totale contradiction avec la démocratie, décrétée *« illicite »*, puisque, pour les islamistes, *« le seul pouvoir revient à Dieu »*. Concernant le programme politique, il est inspiré de cette même *charia* qui ne tolère ni multipartisme, ni démocratie, ni laïcité, ni Droits de l'homme. Un système bancaire qui n'accepte pas l'usure, une économie où il n'y a pas d'impôt mais où il y aurait la *zakat* (l'aumône), etc.

Cela dit, le programme de l'Internationale islamiste repose principalement sur la construction de la *oumma*, une grande nation islamique dirigée par un calife, chargé de prendre la tête d'une grande armée musulmane qui s'en ira *« combattre les juifs, les croisés et les athées pour propager la parole divine et libérer Jérusalem et les autres terres musulmanes »*. C'est d'abord pour ces raisons et pour ces *« projets »* que les islamistes en France ou ailleurs sont prêts à se sacrifier et à tuer des milliers de personnes. Ne l'oublions pas...

Le terroriste islamiste n'est pas forcément issu d'un milieu défavorisé. Ce n'est pas toujours ce jeune homme paumé qui n'a plus rien à perdre, ni ce délinquant multirécidiviste récupéré par l'islamisme. Les kamikazes du 11 septembre 2001 étaient, pour la plupart, issus de milieux aisés. Ils avaient suivi des études supérieures et ne donnaient pas l'impression d'être des fanatiques. À ce titre, l'exemple de *Mohamed Atta* est édifiant : fils d'un riche avocat égyptien, diplômé d'université, il maîtrisait l'anglais, vivait à l'occidentale et consommait même de l'alcool. Les spécialistes se sont posé beaucoup de questions quant au profil des membres du commando suicide. En réalité, les terroristes appartenant à des réseaux dormants implantés dans les pays occidentaux apprennent à se fondre dans la masse. Ils épousent toutes les pratiques et les habitudes du pays d'accueil pour passer inaperçus.

La mouvance islamiste cible aujourd'hui davantage les jeunes diplômés. Elle utilise tous les discours politico-religieux pour convaincre. Cette catégorie de jeunes musulmans intéresse particulièrement les chefs islamistes. La raison est simple à comprendre : les ingénieurs, les médecins, les informaticiens et autres spécialistes peuvent apporter leurs connaissances à la cause, que celles-ci soient scientifiques (fabrication de bombes, sabotages...) ou générales (maîtrise d'une langue, connaissances d'un pays...).

Les terroristes ne sont pas des fous comme certains pourraient le penser. Ils sont complètement responsables de leurs actes, lesquels découlent d'un fanatisme rejetant en bloc la réalité, le système actuel et le monde moderne. Mus par de fausses croyances, ils sont prêts à tuer et à se faire tuer pour *« sauver le monde de la dérive et du péché »*, pour aller au Paradis et pour changer le cours des choses. Ils croient profondément à la *« cause »* pour laquelle ils se battent. Dans le cas qui nous intéresse, les islamo-terroristes présents en France croient dur comme fer qu'en semant le malheur ils garantiront le bonheur à toutes les générations à venir. C'est ce qui explique que, parmi eux, on retrouve des jeunes ayant vécu une enfance sage et une jeunesse tranquille. Certains terroristes pourraient même avoir été cités comme *« modèles »* dans le passé par leurs professeurs ou leur famille. On peut comprendre le désarroi de certains parents quand ils découvrent que leur enfant est devenu un terroriste international. La métamorphose de l'individu, du citoyen normal en dangereux terroriste passe par un long processus au cours duquel de profondes transformations mentales s'opèrent sous l'action d'un endoctrinement religieux. Alors, le mal se mue en bien et vice versa. Tuer n'est plus un acte répréhensible, réprouvé par la loi et la morale, mais un acte de foi. Par exemple, ils prétendent que les *« innocents non visés et tués »* lors d'un attentat à la bombe ont leur place dans *« les jardins de l'Éden »*. Ils croient même parfois qu'ils rendent service à leurs victimes en les envoyant au paradis !

Dans le sens inverse, aimer – outre Dieu et son Prophète – devient un sentiment illégitime (surtout si c'est une femme) qui *« éloigne du droit chemin »*. Ce sont là des exemples qui expliquent, en réalité, que le système mental et le processus de réflexion d'un terroriste sont aux antipodes de ceux d'un être *« normal »*. C'est pour cela que je compare volontiers les islamistes aux membres des sectes qui ont défrayé la chronique au cours de ces dernières années.

Qui finance l'islamisme et le terrorisme ?

Je le dirai sans détour : l'Arabie saoudite est, depuis longtemps, le principal financier de l'Internationale islamiste. Par conséquent, c'est son argent qui sert en partie à préparer et à exécuter des opérations terroristes à travers le monde. Ce pays finance également, grâce à ses banques, ses ONG et ses richissimes émirs, les organisations islamistes présentes sur le sol français. Naturellement, ce financement ne s'est jamais – ou s'est rarement – effectué d'une manière directe. Les opérations sont toujours passées par de *« généreux donateurs »* qui se recrutent parmi les nombreux milliardaires formant le royaume de la péninsule Arabique, ceux des autres pays du Golfe, mais également par des banques islamiques saoudiennes ou encore à travers des associations humanitaires qui, officiellement, subventionnent des *« associations islamiques »* installées en Europe, afin qu'elles construisent des mosquées et des écoles coraniques ou pour assister des nécessiteux. En 1982, les Saoudiens décidèrent d'édifier à Bruxelles un institut islamique chargé de la formation des imams et autres prédicateurs islamistes censés aller propager la *« bonne parole »* en Belgique, aux Pays-Bas, au Luxembourg et en France. Ces religieux recevaient, dès le début, une formation similaire à celle prodiguée en Arabie saoudite, qui prône un islam *wahhabite* rigide et intolérant, complètement incompatible avec l'Occident.

La politique de financement de l'islamisme – devenue stratégique pour le régime saoudien – a commencé au début des années soixante. C'est le roi *Fayçal* qui décida de créer, dès 1962, des organisations qui allaient propager l'islam *wahhabite*, *sunnite* (une variante du *salafisme*). Ainsi naquit en 1962 *Al Rabita Al Islamiya Al Alamiya* (la Ligue islamique mondiale), puis en 1970 l'Organisation de la conférence islamique (OCI), une version islamiste de l'ONU. Ces deux organisations donnèrent naissance à des banques islamistes chargées de financer la *« cause »*.

Au fil des années, l'Arabie saoudite va devenir le financier de tous les partis et régimes islamistes *sunnites*. C'est le cas, par exemple, pour le régime islamiste soudanais, mais aussi pour les combattants afghans durant la guerre contre l'Union soviétique et les islamistes maghrébins, algériens notamment, quand ces derniers ont voulu investir le champ politique, ou encore les islamistes philippins et les partis islamistes pakistanais. Le régime *wahhabite* qui gouverne l'Arabie saoudite est riche grâce à une manne pétrolière inépuisable (près de neuf millions de barils par jour). Il utilise cette richesse pour propager le *wahhabisme* et contrer ainsi les autres courants islamiques, notamment les *chiites*.

Si l'Arabie saoudite a été le financier quasi officiel de la guerre menée par les Afghans contre l'Armée Rouge, c'est avant tout pour rendre service au traditionnel allié américain, mais aussi pour créer, à travers l'Afghanistan et avec l'aide du Pakistan, un prolongement à l'islam *sunnite* et *wahhabite* en particulier. Ainsi les Saoudiens donnaient l'argent (on parle d'un milliard de dollars par an) et se chargeaient de recruter les *moudjahidine* (on estime à vingt mille le nombre d'Arabes ayant rejoint le front afghan *via* l'Arabie saoudite) ; les Américains, eux, envoyaient armes, munitions et matériels (soixante mille tonnes par an), sans oublier la CIA qui supervisait de très près le déroulement des opérations. Selon certaines estimations, la centrale américaine du renseignement a laissé 3 milliards de dollars en Afghanistan. Les Pakistanais, eux, se chargeaient de gérer tout ce qui transitait par les camps militaires et ses propres services secrets : hommes, argents, armes, munitions, etc.

Ce prolongement du *wahhabisme* devait atteindre les portes de l'Iran où l'*ayatollah Khomeiny* cherchait à exporter une révolution islamique alors naissante. Ce n'est pas pour rien que le régime des taliban fut reconnu et soutenu par les Saoudiens, les Émiriens et les Pakistanais uniquement : trois alliés traditionnels des Américains, trois farouches défenseurs de l'islam *sunnite* et du *wahhabisme*.

Le *wahhabisme*, fondé par *Mohamed Ibn Abdelwahab* (1703-1791), a été adopté par la tribu des *Al Saoud* qui régnait sur la péninsule Arabique et dont les descendants sont devenus les *« serviteurs des lieux saints de l'islam »*, c'est-à-dire La Mecque et Médine. Les *wahhabites* considèrent les *chiites* comme des *« hérétiques »* et ils n'ont cessé de les combattre directement ou indirectement. Ce sont ces mêmes raisons qui ont poussé les Saoudiens à financer la guerre de l'Irakien *Saddam Hussein* contre l'Iran des *ayatollahs.* Tout ceci naturellement avec la bénédiction des Américains. Je peux dire sans prendre le risque de me tromper qu'il n'existe pas une association islamiste dans le monde qui n'ait bénéficié des pétrodollars saoudiens.

L'émir *Turki Ibn Fayçal,* chef des services secrets saoudiens jusqu'au mois d'août 2001, fut le créateur de ceux qu'on appelle aujourd'hui *« les Afghans arabes ».* Des jeunes musulmans du monde entier se rendaient en Arabie saoudite avant d'embarquer vers le front afghan. Pour recruter les *« soldats de Dieu »*, superviser les camps d'entraînement au Pakistan et en Afghanistan, *Turki Ibn Fayçal* avait un homme de main. Son nom : *Oussama ben Laden...*

Ben Laden, qui appartient à une grande et riche famille saoudienne d'origine yéménite, a toujours eu – grâce aux affaires de la famille – des rapports privilégiés avec l'entourage du roi *Fahd.* Il a donc été chargé, dès la fin des années soixante-dix, de superviser l'approvisionnement des armes et des volontaires vers l'Afghanistan avant de s'engager lui-même sur le front où il sera pris en charge par les hommes de la CIA. Au fil des années, *Oussama ben Laden,* dont la fortune personnelle est estimée à 6 milliards de dollars, gagne en autonomie et devient l'idole des jeunes islamistes, mais aussi le principal financier du terrorisme. De Kaboul à Alger, et de Paris à New York, les islamistes peuvent compter sur les dollars de *Ben Laden* et surtout sur ceux de ses mentors saoudiens. Le milliardaire a su faire fructifier son argent grâce à des investissements réalisés un peu partout à travers le monde, et grâce à des prête-noms ou des sociétés écrans. L'argent de *Ben Laden* ? On retrouve sa trace à Khartoum, à Genève, à Londres, à Dubaï et à Paris. En utilisant des mécanismes très complexes, en faisant passer cet argent par des banques islamistes, des paradis fiscaux, et en utilisant des liquidités par centaines de milliers de dollars, le milliardaire saoudien a pu brouiller toutes les pistes. *Ben Laden* n'a cependant jamais utilisé son capital personnel dans le financement de sa guerre contre l'Occident. Seuls les bénéfices réalisés par ses entreprises permettent de financer la *« cause ».* Cela dit, il est loin d'être le seul financier du terrorisme islamiste.

Durant les années soixante-dix, plusieurs banques islamiques comme *Al Baraka, Dar Al-Mal Al-Islami, Islamic Bank of Development* ou *Fayçal Islamic Bank* ont vu le jour aux quatre coins de la planète, notamment en Suisse et dans des paradis fiscaux. Toutes ces banques sont dirigées par des dignitaires du régime saoudien. Par exemple, *Dar Al-Mal Al-Islami* l'est, par *Mohamed Ibn Fayçal*, le frère cadet de *Turki Ibn Fayçal*, le chef des services secrets saoudiens. Cette banque finançait donc d'une manière directe les légions des *moudjahidine arabes*, c'est-à-dire, en clair, les réseaux terroristes.

Toutes les autres banques qui financeront – officiellement – des projets économiques, des ONG et autres associations islamiques donneront ainsi de l'argent au terrorisme d'une manière détournée. Grâce à ses différents réseaux, ses associations et ses banques, l'Arabie saoudite a financé les terroristes philippins, les islamistes du FIS, la confrérie des Frères musulmans, les intégristes palestiniens et libanais *(sunnites)* ainsi que les islamistes marocains et tunisiens. Sans oublier tout ce magma d'associations, de sociétés écrans et de mosquées intégristes en Grande-Bretagne, qui, lui aussi, a bénéficié des munificences de ces banques. En France, plusieurs associations islamiques bénéficient également de la générosité des Saoudiens, à commencer par l'UOIF qui, en toute légalité, reçoit annuellement une manne considérable à travers les dons ou cotisations.

Parallèlement aux banques, les Saoudiens ont créé d'autres structures qui sont impliquées dans le financement de la mouvance islamiste. *Al-Rabita Al-Islamiya Al-Alamiya*, c'est-à-dire la Ligue islamique mondiale, a ouvert plusieurs bureaux à travers le monde, y compris en France. Elle est principalement chargée de financer les projets de construction de mosquées et d'écoles coraniques, mais aussi de subventionner toutes les associations islamistes destinées officiellement à défendre les *« intérêts des musulmans dans les pays européens »*. En France, les grandes mosquées de Mantes-la-Jolie, Lyon et Évry, entre autres, ont été construites grâce à l'argent distillé par le bureau parisien de la Ligue islamique mondiale, alors dirigée par deux Français d'origine marocaine. Les Saoudiens ont repris en main ce bureau en nommant à sa tête l'un des leurs. Le centre de formation des cadres religieux ouvert par l'UOIF à Saint-Léger-de-Fougeret (Nièvre) en 1992 a été également financé par les Saoudiens. Il continue de l'être.

Aujourd'hui, le financement effectué par l'Arabie saoudite à travers ses émirs peut prendre diverses formes. Par exemple, quand un émir voyage en Occident, il reçoit c'est la tradition la visite de *« dignitaires »* musulmans installés dans la capitale européenne qui l'accueille. Parmi ces *« dignitaires »*, on retrouve des activistes islamistes, des membres d'associations islamiques, des imams, etc. Pour *« récompenser »* ses visiteurs et les *« remercier »* de leur courtoisie – c'est aussi la tradition qui le veut – l'émir leur prépare des enveloppes dans lesquelles il peut y avoir parfois des sommes relativement importantes, en monnaie américaine naturellement. Cet argent, nul ne connaîtra sa véritable destination. Il pourra financer la construction d'une mosquée, aller dans la poche du bénéficiaire de l'enveloppe, permettre d'aider les familles nécessiteuses ou encore financer... une opération terroriste. Le donateur, lui-même, risque de ne jamais le savoir. De plus, ce genre d'opération est imparable puisqu'elle a lieu loin des regards : la cérémonie se déroule généralement dans la suite de l'émir ou dans des salons privés qu'il aura réservés.

Autre technique de financement : la *zakat*[1], l'aumône obligatoire. Là aussi, on retrouve la trace de l'argent des émirs du golfe Persique. Tous les ans, chaque émir consacre plusieurs millions de dollars pour la *zakat*. Le prince *Abdelaziz Al Saoud* y consacre, lui, entre 150 et 250 millions de dollars par an. Les émirs demandent à leurs collaborateurs de préparer plusieurs enveloppes destinées à des associations islamistes installées à travers le monde. Des émissaires spéciaux sont chargés d'aller remettre ces enveloppes en main propre. Cette aumône obligatoire pour toute personne riche concerne également des musulmans vivant en France. Ces derniers remettent généralement leur *zakat* aux mosquées ou aux associations. Parmi les organisations bénéficiaires, certaines sont gérées par les mouvements

1. La *zakat* est l'un des cinq piliers de l'islam.

islamistes. Elles peuvent compter ainsi, annuellement, sur une manne non négligeable.

Parallèlement à la *zakat*, il y a la collecte directe qui se fait dans les mosquées, les boucheries *halal* ou dans les quartiers à forte concentration musulmane. Là encore, le donateur ne sait jamais à quoi servira son argent. Plusieurs propriétaires de boucheries musulmanes, notamment celles situées à proximité de certaines mosquées connues pour leur activisme religieux, chuchotent qu'ils ont été rackettés à maintes reprises et qu'ils n'ont jamais osé aller se plaindre par peur des représailles.

Les islamistes du FIS ont, par exemple, mis en place une collecte (certains d'entre eux ayant carrément exigé l'instauration d'une *« dîme révolutionnaire »*), dans le but de financer le terrorisme en Algérie. *Abdellah Anas*, alias *Boudjemaa Bounoua*, cet *« Afghan »*, un des anciens lieutenants du commandant *Massoud* et ancien membre actif du FIS qui a vécu en France, a été responsable de la collecte des fonds pour le compte de la mouvance islamiste. Ces collectes s'effectuaient auprès de la communauté musulmane ou auprès de richissimes émirs du Golfe de passage à Paris. L'un d'eux, *Jamil Youssef*, n'a pas hésité, en 1990, à verser 1 million de dollars sur le compte d'une association islamiste de Saint-Ouen, *« le centre Abaad »*, proche des intégristes algériens, et à remettre des sommes colossales à *Ahmed Si Mozrag*, le financier officiel du FIS à l'étranger, qui avait été expulsé vers le Burkina Faso. En réalité, cet argent servit à financer, entre autres, l'achat d'armement pour les maquis du GIA et à entretenir les réseaux du GIA en France.

Boudjemaa Bounoua coordonnait ces actions avec *Qamreddine Kherbane* et transférait toutes les sommes récoltées vers une association islamo-terroriste proche du GIA basée à Londres, l'*Algerian Community in Britain*, et vers une association basée au Danemark et dirigée par *Talaat Fouad Qasim*, un autre Afghan arabe qui a combattu aux côtés de *Kherbane, Bounoua, Ben Laden* et tant d'autres. Des associations installées en France participent, elles aussi, au financement du terrorisme international et bénéficient d'une manne importante en provenance d'Arabie saoudite.

Les responsables saoudiens ont toujours reconnu avoir financé les mouvements islamistes. Ils n'ont commencé à nier cette vérité que durant ces dernières années. Le sultan *Ibn Abdelaziz*, ministre saoudien de la Défense, a reconnu dans une interview parue en mars 1991, dans les colonnes d'*Al-Charq Al-Awsat* (journal proche des islamistes paraissant à Londres) que son pays avait financé les mouvements islamistes, notamment ceux du Maghreb. Il nous est donc difficile aujourd'hui de croire ces responsables saoudiens qui nient désormais en bloc cette évidence.

Le trafic de drogue est également une autre source intarissable pour le financement du terrorisme. Les Afghans nous en ont donné la preuve à travers l'intérêt qu'ils portent à la culture du pavot. Il est aujourd'hui clairement établi que la drogue afghane a toujours été acheminée *via* le Pakistan par les membres de la légion arabe de *Ben Laden* qui se chargeait d'alimenter le marché mondial. En Occident, les interconnexions entre ce trafic et le terrorisme ont été clairement matérialisées par la proximité qui caractérise les deux fléaux. Tout au long de la décennie écoulée, plusieurs affaires ont montré que les réseaux liés au trafic de drogue servent – directement ou indirectement – à financer le terrorisme international. Pour la mouvance islamiste, ce trafic est une double arme puisque la drogue est en plus un moyen de porter atteinte aux sociétés occidentales. En y multipliant le nombre de toxicomanes, les islamistes ambitionnent de provoquer la déliquescence de sociétés jugées, par eux, comme la source de tous les malheurs qui touchent les musulmans.

Autre forme de financement : le racket. Certains commerçants maghrébins que j'ai interrogés – des Algériens surtout – affirment avoir subi des tentatives de racket, notamment au début des années quatre-vingt-dix. On leur demandait de payer une *« dîme révolutionnaire »* sans quoi leurs biens ou leurs familles seraient ciblés, en France comme dans leur pays d'origine. Le racket vise aussi bien les commerçants que les particuliers habitant certains quartiers sensibles. Impossible de se plaindre à la police, car le plaignant n'aurait aucune preuve à présenter, et sa vie deviendrait vite insupportable...

L'économie parallèle reste aussi l'une des sources de financement les plus prisées. On retrouve la contrefaçon, le recel, le trafic de voitures, etc. Généralement, pour qu'elle soit très lucrative, cette économie parallèle doit être principalement dirigée vers les pays d'origine. En 1992, un énorme trafic de chemises Lacoste contrefaites avait été démantelé à Paris. L'enquête révéla par la suite que ce trafic servait directement la cause islamo-terroriste.

Il s'agit en réalité de toute cette marchandise qui quitte le port de Marseille et les autres villes européennes pour être consommée dans les pays de la rive sud de la Méditerranée grâce à la circulation des nombreuses familles maghrébines qui s'y rendent. Plusieurs trafics de voitures destinées aux pays maghrébins ont d'ailleurs été découverts par les services des douanes et de police au cours des dernières années.

Les cellules terroristes ne sont pas toujours dépendantes des financements provenant des associations islamistes ou autres grandes organisations. J'ai pu constater au cours de mon enquête, que l'argent du crime et du banditisme permettait notamment aux réseaux dormants de se prendre en charge financièrement. Comme je l'ai déjà souligné, le trafic des fausses cartes bancaires constitue, pour les groupes terroristes, un *« commerce »* fort lucratif. Selon certains trafiquants avec lesquels j'ai eu l'occasion de discuter, les fausses cartes bancaires, appelées également les *« Yes Card »*, permettent de tirer des bénéfices mensuels allant de 80 000 jusqu'à 250 000 euros. Hormis les fausses cartes bancaires, les réseaux dormants font également du commerce de faux documents, qui intéresse particulièrement l'immigration clandestine ; sans oublier les trafics de voitures volées en direction de l'étranger, ni le recel qui leur permet d'engranger des bénéfices considérables.

Outre les Saoudiens, d'autres groupes islamistes étrangers participent au financement du terrorisme international. Par exemple, le *Milli Görüs*, filiale de l'ex-parti islamiste turc *Refah,* apporte également sa contribution, non pas au financement du terrorisme d'une manière directe, mais à celui des islamistes turcs installés en France et dont on sous-estime souvent la capacité de nuisance. Le *Milli Görüs* participe notamment au financement des mosquées et de certaines associations islamistes, mais il est quasiment impossible de contrôler l'utilisation de ces sommes d'argent qui circulent de la main à la main.

En France, il y a également les différents réseaux de la viande *halal*. Là aussi, c'est à travers des mécanismes très complexes que les islamistes arrivent à se financer. Il m'a été raconté que certaines associations chargées de superviser l'authenticité de la viande *halal* versaient, sous la pression, un pourcentage aux islamistes. En effet, toutes les boucheries musulmanes sont supervisées par des associations islamiques agréées mais surtout très influentes. Ces associations apposent leurs cachets sur la viande pour attester qu'il s'agit bel et bien d'une viande *halal*, c'est-à-dire provenant d'un animal abattu selon le rite musulman. Ces associations ont la possibilité de faire couler un organisme de contrôle, une boucherie rien qu'en refusant de donner la certification de la qualité *halal* de la viande ou en dénigrant tel ou tel autre commerce musulman auprès de la communauté. Un chef islamiste dira dans son quartier que telle association ne contrôle pas réellement la viande, et l'avenir de ladite association sera compromis à jamais. C'est la raison pour laquelle quelques organismes de contrôle paient pour avoir la paix. Naturellement, nous sommes là devant un cas de racket en bonne et due forme, mais qui pourrait le prouver ? Même cas pour la viande *halal* destinée à l'exportation. Le pays acheteur exigera que le certificat de contrôle soit délivré par tel organisme mais pas tel autre. La raison ? L'organisme choisi paie un pourcentage et se plie aux exigences des associations islamistes, l'autre pas, ou insuffisamment. Mais qui pourrait le prouver ?

Ces mécanismes complexes et sophistiqués permettent aux islamistes de se mettre à l'abri et empêchent les services de police de lutter avec efficacité contre le financement du terrorisme. Contrairement au trafic de drogue, le terrorisme ne cherche pas à blanchir de l'argent sale mais à salir l'argent propre. C'est-à-dire qu'une *zakat*, l'aumône obligatoire, remise par d'honnêtes pères de famille à une mosquée intégriste, pourrait servir à financer une partie des actions terroristes ou tout au moins des actions de prosélytisme.

CHAPITRE 4

Liens entre le banditisme et les réseaux islamistes en France

Khaled Kelkal, ce terroriste islamiste qui a été, durant une période, l'ennemi public numéro un en France, venait de quitter la prison avant de se convertir au terrorisme islamiste. Incarcéré pour une affaire de droit commun, il recevait régulièrement la visite des missionnaires du *Tabligh*. Ce sont eux qui l'endoctrinèrent. Par la suite, tout est allé très vite. Des réseaux du GIA l'ont récupéré et sa fougue de délinquant notoire, son caractère violent ont fait le reste. C'est là une illustration, non exhaustive, qui montre les liens profonds qui existent entre la délinquance et l'islamisme, d'une part, et la délinquance et le terrorisme, d'autre part.

Il y a en France au moins quatre filières qui relèvent du grand banditisme et qui restent liées directement au terrorisme islamiste. Le trafic des faux papiers permet aux islamistes (ils contrôlent aujourd'hui une partie de ce trafic) de circuler librement à l'intérieur de l'espace Schengen, mais aussi à travers le monde. Ce même trafic constitue pour eux une autre source de financement. La démarche est simple : les petits voyous qui dérobent aux touristes et aux citoyens français sacs à main et portefeuilles gardent l'argent et vendent à un prix dérisoire les papiers de leurs victimes. Ces papiers d'identité tombent le plus souvent entre les mains des islamistes qui les falsifient grâce à quelques faussaires travaillant avec eux. À Paris, Lyon ou Marseille, les faux papiers se vendent comme des petits pains. Il y a souvent *« pénurie »*, tant la demande est grande. Avant de me rendre au Pakistan, en octobre 2001, j'ai pu me faire confectionner un faux passeport français que j'ai utilisé une fois arrivé là-bas. Grâce à l'aide d'un informateur qui rôde du côté de Barbès, à Paris, j'ai pu pour 1 000 francs et en remettant une photo d'identité, récupérer le faux document vingt-quatre heures après l'avoir commandé. J'ai fait le même constat à Madrid quelques mois plus tard. On m'a proposé un passeport français neuf (c'est-à-dire un vrai faux) pour 450 euros. J'ai pu me rendre compte ainsi – en l'espace de quelques mois – de la facilité avec laquelle les islamistes se procurent les faux papiers qui leur permettent de traverser les frontières malgré les avis de recherche internationaux. Et ça marche ! Comment ?

Un passeport français volé en France, par exemple, ne sera déclaré comme tel qu'auprès des polices françaises. Les autorités des autres pays ne peuvent pas, pour l'instant du moins, s'en rendre compte, hormis s'il y a vérification auprès des autorités françaises. Or, il est impossible de procéder à cette vérification systématiquement. C'est pour cela qu'un faux passeport français ne pourra pas servir en France, mais il servira dans n'importe quel autre pays. Et inversement, les faux passeports des autres pays pourront être utilisés, entre autres, en France. Autre exemple : si le passeport est allemand et dérobé en France, il sera utile partout sauf en France et en Allemagne. La victime, en effet, informerait, dans ce cas, les autorités françaises et les autorités du pays d'origine.

Les fausses cartes bancaires constituent, elles aussi, un trafic très prisé par les terroristes. Il leur permet de financer leur vie quotidienne mais aussi leurs actions. Pour les récupérer, ils agissent de deux manières différentes. Les trafiquants confectionnent de fausses cartes bancaires portant de vrais numéros de compte avec un nom différent de celui du vrai titulaire du compte bancaire. Seule condition : il faut que le nom apposé sur la carte corresponde au faux document en possession du trafiquant qui se servira de la fausse carte bancaire, puisque ce dernier devra présenter sa pièce d'identité au moment de régler un achat. Cette démarche est naturellement possible dans les pays qui ne sont pas encore passés aux cartes bancaires codées. Autre possibilité : les codes des cartes bancaires sont parfois récupérés sur Internet, voire dans certains établissements commerciaux où les trafiquants comptent des complices. En effet, le vendeur se débrouille pour avoir le numéro du compte et le code de la carte du client au moment du paiement. Il *« vendra »* ainsi les informations qu'il aura récoltées aux trafiquants qui les utiliseront pour vider le compte de la malheureuse victime.

La troisième filière connectée à l'islamisme est incontestablement celle du trafic de drogue que les islamistes ont cherché à contrôler très tôt, comme je l'ai déjà expliqué. Si les islamistes ne se mettent pas en avant dans ce trafic (ils préfèrent utiliser les petits *dealers* de quartier), ils récupèrent néanmoins les bénéfices qui s'élèvent, comme on peut s'en douter, à des millions d'euros.

Enfin, dernier trafic qu'il ne faut pas omettre : celui des armes. Là, les islamistes sont avant tout des consommateurs et les bénéfices tirés des trafics déjà cités leur permettent de financer l'achat des armes et des munitions. La provenance de ces armes : l'ex-Union soviétique et plusieurs pays de l'Est, notamment ceux de la région des Balkans. Sur ce point, il faudrait mentionner le rôle joué par la filière albanaise et la mafia russe qui se sont spécialisées, au cours des dernières années, dans ce trafic qui sert directement les intérêts des terroristes islamistes. La filière albanaise s'est spécialisée dans la vente d'armes de guerre, d'origine chinoise notamment. Si dix mille armes de guerre ont été découvertes en France durant l'année 2000, ce n'est que la partie visible de l'iceberg. Plusieurs témoignages et différentes sources m'ont confirmé que les caves de certaines banlieues contenaient des stocks d'armes inimaginables, allant de l'arme de poing au lance-roquettes.

Les réseaux et autres cellules islamistes ne comptent pas uniquement sur les financements provenant de leurs *« hiérarchie »*. En réalité, ils ne reçoivent de fortes sommes d'argent que lorsqu'il s'agit de financer une opération terroriste. Pour le reste, c'est-à-dire l'entretien du réseau, chaque cellule tente de s'autofinancer à travers différents trafics comme ceux des faux papiers ou de la fausse monnaie. Les cellules n'hésitent pas non plus à organiser des quêtes dans les mosquées en utilisant des slogans renvoyant à des conflits connus. Ils placent, par exemple, des boîtes dans des magasins musulmans, telles les boucheries *halal* en précisant : *« Dons pour nos frères palestiniens »* ou *« Pour aider les moudjahidine en Tchétchénie »*. Toutes ces opérations permettent à chaque cellule d'amasser plusieurs milliers d'euros mensuellement. Cette manière d'agir évite de grands transferts de fonds de pays à pays et subvient aux besoins quotidiens de la cellule ou du réseau.

Le recel est également une source de financement inépuisable. À Barbès, dans le XVIIIe arrondissement de Paris, beaucoup de produits volés sont revendus aux abords de la mosquée de la rue Myrha ou près des autres mosquées. Les membres des réseaux terroristes sont particulièrement intéressés par l'acquisition de téléphones portables, ordinateurs ou autres produits électroniques. C'est un receleur qui *« travaille »* dans le quartier qui me l'a avoué. Ce n'est d'ailleurs par un hasard si, depuis quatre ans, les vols de téléphones portables représentent, comme le précisent les chiffres du ministère de l'Intérieur, à eux seuls, près de la moitié des vols recensés sur la voie publique. Les membres des réseaux terroristes utilisent plusieurs lignes téléphoniques pour communiquer entre eux, que ce soit en France ou avec l'étranger. Cette manière d'agir leur permet d'échapper aux écoutes d'autant que les lignes utilisées pour les conversations *« sensibles »* ne sont jamais enregistrées à leur nom.

La meilleure illustration que je puisse donner pour démontrer les liens étroits qui existent entre le grand banditisme et le terrorisme est sans nul doute l'affaire dite du *« gang de Roubaix »*. Durant le premier semestre de l'année 1996, cette bande s'est rendue coupable de sept attaques à main armée. La plus sanglante est celle qui a visé, le 25 mars 1996, un camion de la Brink's au cours de laquelle un automobiliste et un policier ont été tués, et un convoyeur de fonds blessé. La plupart des membres du gang, composé de Maghrébins et de Français dits *« de souche »*, ont un point commun : ils ont tous fréquenté la mosquée *Al-Daawa,* de la rue Archimède, à Roubaix ; ont combattu en Bosnie entre 1994 et 1995 dans les rangs de la légion arabe ; et étaient en contact avec divers trafiquants, de drogue, de faux papiers, d'armes. Je signale au passage que la mosquée de la rue Archimède a été financée à l'origine par les Saoudiens.

Le gang avait essayé également de commettre un attentat à la bombe près du commissariat central de Lille à la veille de l'ouverture du sommet du G7, en mars 1996. Après la neutralisation du groupe, le 29 mars 1996, des documents islamistes de propagande ont été retrouvés. Nous savons aujourd'hui que le véritable chef du gang de Roubaix n'était autre qu'*Abou Hamza El Misri*, un dangereux terroriste égyptien réfugié à Londres. Christophe Caze, l'un des éléments du gang – un converti à l'islam qui avait fait la guerre de Bosnie –, était le trait d'union entre *Abou Hamza* et les autres membres du gang. Ce qui nous renvoie directement à *Oussama ben Laden,* puisque *Abou Hamza* fait partie du clan d'*Abou Katada* et *Omar Bakri*, des proches parmi les proches du milliardaire saoudien. Tout porte à croire que les activités du gang de Roubaix devaient financer la cause islamo-terroriste et procurer aux criminels faux documents et armes en provenance de l'Europe de l'Est.

Ces connexions sont d'autant plus plausibles quand on sait qu'*Abou Hamza,* tête de pont de l'organisation terroriste *Ansar Al-Charia* (les Partisans de la *charia*), dirigeait, jusqu'à un passé récent, le bulletin islamiste *Al-Ansar*, un organe proche du GIA algérien. Cette organisation possède, elle aussi, de nombreuses ramifications en France. L'Égyptien *Abou Hamza El-Misri*, de son vrai nom *Mustapha Kamel* est un ancien de la guerre d'Afghanistan. Blessé à l'œil, amputé des deux mains, il traîne une infirmité qui lui a donné une certaine notoriété aux yeux des jeunes *moudjahidine* qui boivent ses prêches. *Abou Hamza* est en effet l'imam de la tristement célèbre mosquée de *Finsbury Park*, située dans les quartiers nord de Londres : un véritable nid de terroristes. *Abou Hamza,* qui a obtenu la nationalité britannique en 1984, publie des bulletins islamistes d'information. Ces bulletins revendiquent souvent les attentats et font l'apologie du terrorisme international.

C'est lui qui a lancé des *fatwas*, les décrets religieux, appelant au *djihad* au Yémen, en Égypte, en Algérie et dans les pays occidentaux. C'est lui également qui, avec *Abou Katada*, avait rendu publique une *fatwa* rendant licite l'assassinat, en Algérie, des femmes, des vieillards et des enfants. En 1998, il a organisé un stage d'entraînement paramilitaire à Londres près de sa mosquée auquel ont pris part quelques Français, c'est du moins ce que m'a révélé ma source londonienne qui travaille beaucoup sur l'organisation d'*Abou Hamza*. Depuis 1998, ce stage est devenu annuel. Il n'a pu toutefois se tenir en 2002, en raison des événements du 11 septembre, la police britannique ayant quelque peu accentué sa *« pression »* sur *Abou Hamza* sans toutefois l'inquiéter vraiment, puisqu'il était toujours en liberté à la fin du deuxième trimestre 2002.

En 1999, ce dernier avait déclaré, en substance, que le terrorisme allait désormais frapper même dans le ciel. Chose qui se produisit le 11 septembre 2001. Prophétie ou était-il informé ? Seule une enquête policière à l'échelle internationale le dirait. Selon des témoins qui ont suivi certains prêches de ce chef terroriste, il aurait déjà menacé la France qui reste, selon lui, *« un allié du pouvoir algérien dans sa guerre contre les musulmans du GIA »*. L'imam avait d'ailleurs approuvé l'assassinat des moines de Tibhirine par le GIA, ainsi que les attentats de Paris en 1995 qu'il avait d'ailleurs annoncés quelques semaines avant que le premier acte terroriste n'ait lieu sur le territoire français. *Abou Hamza* et son coreligionnaire *Abou Katada*, un islamiste jordanien d'origine palestinienne réfugié à Londres depuis 1994, ont été les inspirateurs de plusieurs terroristes français dont *Djamel Beghal*. Ce dernier les a côtoyés durant son séjour dans la capitale britannique.

Pour revenir au gang de Roubaix, *Seddik Benbahlouli* et Lionel Dumont, les deux membres du groupe qui ont réussi à prendre la fuite, ont été aidés, selon des sources proches de l'enquête, par des éléments du GIA, installés en France et en Italie. Lionel Dumont a pu quitter la France, en effet, grâce à de faux papiers qui lui ont été fournis par un certain *Salah Achour*, un quinquagénaire habitant en région parisienne, membre du GIA algérien. Dumont se rend d'abord en Italie où, grâce à d'autres membres de l'organisation terroriste algérienne, il réussit à rejoindre la Turquie où il est accueilli par des *« frères »* du parti islamiste turc, le *Refah*. Après avoir passé quelques jours en Turquie, il rejoint la Bosnie où il essaie de se faire oublier. Il sera finalement arrêté le 9 mars 1997 par les forces spéciales bosniaques près de Zenica, soit presque une année après le démantèlement du gang de Roubaix auquel il appartenait. Des documents retrouvés dans la maison louée à Zenica par Lionel Dumont montrent que ce dernier s'apprêtait, avec des membres de son réseau bosniaque, à commettre des attentats contre des intérêts français.

Pour revenir à *Salah Achour*, les informations que j'ai pu recueillir sur cet homme, actuellement en prison, laissent entendre qu'il serait, outre un membre actif du GIA, un proche d'*Al-Qaïda*, spécialisé dont la confection des faux papiers. Il aurait dirigé un réseau dont certains membres seraient toujours en activité, notamment en région parisienne. Le réseau de *Salah Achour* serait également très actif dans l'achat d'armes en provenance d'Europe de l'Est. Il est clair que les terroristes islamistes utilisent tout ce que pourrait générer le grand banditisme comme argent et bénéfices. Pour cette raison la lutte contre le terrorisme doit viser également tous ces réseaux où se mêlent et s'entremêlent trafics de drogue, de faux papiers, d'immigration clandestine...

Profil de quelques islamo-terroristes « français »

Khaled Kelkal est le profil type du jeune Maghrébin passé de la délinquance au terrorisme islamiste. Né à Mostaganem, à l'ouest d'Alger, en 1971, il s'installe très jeune en France avec sa famille. Il grandit à Vaulx-en-Velin où, après l'échec scolaire, il verse dans la petite délinquance. Vol, racket, bagarres deviennent le lot quotidien de *Kelkal* qui ne tardera pas à effectuer des séjours en prison. C'est là qu'il commence à discuter avec les missionnaires du *Tabligh*. Séduit par la religion mais surtout par le *djihad* qui lui permet de rester hors la loi tout en servant *« la cause d'Allah »*, il ne tarde pas à se faire repérer par des émirs du GIA installés en France qui le recrutent. Après avoir commis plusieurs attentats, il est finalement neutralisé par des membres de la Gendarmerie nationale.

David Courtailler, Français dit *« de souche »*, né en 1976, se convertit à l'islam à l'âge de dix-huit ans. Endoctriné par des missionnaires du

Tabligh, il suit d'abord une formation religieuse dans les milieux islamistes en France avant de séjourner à Londres où il fréquente les islamistes de la mosquée de Baker Street, réputée pour être un fief islamo-terroriste. En 1998, il est envoyé en Afghanistan dans les camps d'*Oussama ben Laden* pour y suivre une formation militaire. Il n'a pas le temps néanmoins de perpétrer des actions terroristes. Il est arrêté par hasard en février 1999 à Caen, dans le Calvados, après un vol à l'étalage. David Courtailler y est finalement mis en examen et écroué pour association de malfaiteurs en relation avec une entreprise terroriste.

Hervé *Djamel* Loiseau, né le 21 mars 1973 à Paris, est un jeune français issu d'un mariage mixte entre un immigré algérien et une Française. Il a connu une fin dramatique. Découvert mort de froid et de faim dans une grotte de Tora Bora en Afghanistan, son histoire a choqué profondément l'opinion. Parti combattre aux côtés des taliban et du *« frère » Oussama ben Laden*, Hervé Loiseau n'avait pourtant rien d'un terroriste. Son entourage le décrit comme un garçon *« gentil et non violent »*. Tout le monde s'accorde à dire que c'est au moment où il a commencé à fréquenter la mosquée de Belleville et les milieux intégristes du *Tabligh* qu'il a changé d'habitudes et de comportement. Il venait d'achever son service militaire à Colmar et devait commencer un travail mais, très vite, il a tourné le dos à son employeur, sa famille et ses amis pour se consacrer uniquement à la religion. Après plusieurs aller-retour, en 1999, entre Paris et Londres et un voyage en Arabie saoudite, Hervé *Djamel* Loiseau se rend au Pakistan en mars 2000 pour suivre un entraînement militaire dans l'un des camps d'*Oussama ben Laden.* Il ne reviendra jamais de ces contrées lointaines. Cela dit, Loiseau n'était pas un inconnu des services de sécurité puisqu'il aurait été signalé dès 1998 par les autorités algériennes. *Djamel* Loiseau aurait remis un faux passeport français à un terroriste du Groupe salafiste pour la prédication et le combat (GSPC) dirigé par *Hassan Hattab.* Le terroriste algérien devait utiliser ce faux passeport pour rejoindre la France *via* le Maroc.

Zacarias Moussaoui est un Français d'origine marocaine né le 31 mai 1968 à Saint-Jean-de-Luz. Après une enfance et une jeunesse sans histoire au cours desquelles il réussit dans ses études, il obtient un diplôme de commercial et devient surveillant dans un lycée de Narbonne. En 1991, influencé par une cousine islamiste venue du Maroc, il se met à la prière et commence à pencher vers l'intégrisme. L'année suivante, il part en Grande-Bretagne accomplir un stage d'anglais. Il y passe cinq années. À Londres, il rencontre en 1993 un ami d'enfance : Xavier Djaffo (il sera tué en 2000 sur le front tchétchène) qui vient de se convertir à l'islam et qui ne tarde pas à verser dans le fondamentalisme. Ce dernier l'entraîne dans les mosquées londoniennes et l'influence considérablement jusqu'à faire de lui un fanatique de la cause islamiste. À son retour chez lui en 1997, *Zacarias Moussaoui* est complètement métamorphosé. Il est devenu un véritable islamiste et tente de faire de la prédication. Durant son séjour à Londres, il a fréquenté des proches d'*Abou Katada*, tous des adeptes du *djihad*. Certaines informations recueillies à Londres laissent entendre que *Moussaoui* a fréquenté également des membres du GIA. Début 2001, il se rend aux États-Unis, s'inscrit à des cours de pilotage avant d'être interpellé trois semaines avant les événements du 11 septembre par la police de l'immigration en raison d'un séjour illégal sur le territoire américain. Ce Français est le premier terroriste à avoir été inculpé par la justice américaine dans l'enquête sur les attentats qui ont visé les États-Unis. *Zacarias Moussaoui* a fréquenté les camps d'entraînement *d'Al-Qaïda*. On sait aujourd'hui qu'il y a séjourné en compagnie de Richard Reid, ce Britannique qui a tenté de faire sauter le vol Paris-Miami en décembre 2001. Il risque aujourd'hui la peine de mort.

Lionel Dumont, un Français dit *« de souche »*, est né en 1970 à Marcq-en-Barœul, en région lilloise, dans une famille catholique. Il a cinq sœurs et trois frères. Après une enfance sans histoires, il obtient son bac et suit des études universitaires dans le but de devenir journaliste. N'étant pas doué pour les études, il s'engage dans l'armée de terre en 1992. Avec son bataillon, il va même en Somalie. Ce qu'il voit sur place le marque et l'incite à s'impliquer dans l'action humanitaire. Il quitte l'armée fin 1993 et rejoint une ONG islamiste proche d'*Al-Hijra Oua Takfir*. C'est là qu'il embrasse la religion musulmane, mais pas seulement, puisqu'il est endoctriné par les purs et durs de l'islam radical. Il s'engage dans la légion islamique qui combat en Bosnie et fait le coup de feu dans les montagnes proches de Sarajevo. Il côtoie les *moudjahidine* venus de tous les pays et rejoint ainsi les rangs du terrorisme islamiste international. À la fin de la guerre en Bosnie, Lionel Dumont, de retour en France, s'intègre à un réseau dormant d'*Al-Hijra Oua Takfir* dans l'attente d'un *« nouveau djihad »*. C'est ainsi qu'il fera partie du fameux *« gang de Roubaix »* chargé d'exécuter des braquages et autres attentats pour servir la *« cause »*. Lionel Dumont est finalement arrêté en Bosnie en 1997 après une longue cavale.

Salah Achour est l'un des plus *« vieux »* parmi les terroristes *« français »*. Né en 1952 à El-Asnam en Algérie, il arrive en France en 1958 avec sa famille qui s'installe en région lyonnaise. Issu d'un milieu modeste – son père est maçon, sa mère femme de ménage – *Salah Achour* étudie, malgré tout, jusqu'à l'âge de dix-huit ans. Après un stage d'ajusteur, il part en 1972 effectuer son service militaire en Algérie. Deux années plus tard, il revient en France, trouve un travail et se marie en 1976. Six années plus tard, il divorce. C'est à ce moment-là que sa vie commence à basculer. Il digère mal cet échec sentimental, quitte la France et s'installe en 1983 dans son pays natal. Son retour en Algérie coïncide avec la montée du fondamentalisme. *Salah Achour* commence à fréquenter les mosquées et écoute les récits sur les *« hauts faits d'armes »* des *moudjahidine* afghans. Il revient en France à la fin des années quatre-vingt. L'homme a changé. Il fait désormais du prosélytisme dans sa banlieue. En 1992, il s'installe en Seine-Saint-Denis et entre en contact avec les milieux islamistes. Parallèlement, il décide de s'investir dans divers trafics (faux papiers, trafic de voitures...). C'est à cette période que le terrorisme islamiste éclate au grand jour en Algérie. *Salah Achour* rejoint les réseaux du GIA installés dans l'Hexagone et pénètre le monde du trafic d'armes. Cette activité lui permet de gagner de l'argent et d'envoyer armes et munitions aux maquis algériens tenus principalement par le GIA. Il devient très vite un membre actif du terrorisme international. Il sera l'un des principaux contacts en France des membres du gang de Roubaix. *Salah Achour* est finalement arrêté et condamné en 2000 et 2001 à quatorze ans de prison ferme.

Farid Zarouali est né en 1971 au Maroc. En 1981, à l'âge de dix ans, il s'installe en France avec ses parents qui élisent domicile cité de l'Argonne, à Orléans, dans le Loiret. Dès l'âge de quinze ans, le jeune *Farid* commence à fréquenter la petite mosquée de sa cité et des missionnaires du *Tabligh* beaucoup plus âgés que lui. *Farid Zarouali* est subjugué par l'islamisme et le discours des prédicateurs qu'il côtoie. En 1992, il reçoit de l'argent de ses mentors, s'envole pour le Pakistan et se rend immédiatement dans un camp d'entraînement en Afghanistan. Il y effectue un stage de trois mois, du 20 mai au 20 août de la même année, et prend le nom de guerre d'*Abou Younès*. De retour en France, il intègre un réseau dormant jusqu'au jour où on lui demande de faire partie du commando qui doit effectuer des *« opérations »* au Maroc. Arrêté en France en 1994, il est jugé et condamné, en 1996, à cinq ans de prison ferme et à cinq d'interdiction du territoire français. En 2004, il aura trente-trois ans et pourra, vraisemblablement, revenir en France.

La France est-elle à l'abri d'actions terroristes ?

Dans Le Critère du 16 avril 1993, un tract distribué, en France, par les islamistes algériens, on pouvait lire ceci : *« L'histoire du monde musulman nous a appris que tous les prophètes et tous les mouvements réformateurs n'ont pu aboutir à une société islamique exemplaire qu'après avoir subi de pénibles et longues épreuves de toutes natures. Par conséquent, il est évident que l'édification d'un État islamique à l'image de ceux des prophètes, que ce soit en Algérie ou ailleurs, passe nécessairement par d'énormes sacrifices... »* Cet extrait d'un texte qui rappelle le parcours de différents prophètes montre, on ne peut plus clairement, que les islamistes ne craignent ni la privation, ni les sacrifices, ni la mort. Ils ont des objectifs et ils feront tout pour les atteindre. Aujourd'hui, alors que la France a théoriquement pris conscience du danger terroriste et qu'elle le combat, elle est devenue – malgré elle – une cible du terrorisme islamiste. L'accalmie qui prévaut depuis un certain nombre d'années ne veut nullement dire que le terrorisme islamiste est défait ou que tous les réseaux opérant en France sont démantelés. On l'a bien vu, les terroristes islamistes réalisent le plus souvent leurs plans macabres au moment où l'on s'y attend le moins. Leur cloisonnement, l'utilisation du terrorisme comme arme d'attaque et l'environnement international dans lequel ils évoluent les avantagent. Partant de là, je peux affirmer que la France constitue une cible privilégiée parce qu'elle représente, par ailleurs, tout ce qui est honni par les islamistes : laïcité, démocratie, Droits de l'homme, liberté, parité hommes-femmes...

Une telle affirmation lancée froidement pourrait paraître prétentieuse et non sérieuse. Néanmoins, les signes avant-coureurs que j'ai énoncés tout au long de cet ouvrage sont malheureusement là pour conforter cette thèse.

Durant l'année 2000, dix mille armes de guerre ont été saisies en France par les services de sécurité. Un chiffre alarmant qui n'est pas sans rapport avec la montée de l'insécurité en France et l'accroissement du risque terroriste. Ces saisies ont concerné aussi bien des pistolets que des lance-roquettes en passant par les fameux fusils mitrailleurs kalachnikovs, très prisés par les terroristes islamistes.

Il est évident que le phénomène de l'insécurité est intimement lié au terrorisme. Le trafic d'armes intéresse les islamistes puisqu'il leur permet de générer des bénéfices considérables et de contrôler un marché dans lequel ils restent les premiers consommateurs. Autre fait alarmant : même les adolescents arrivent à se procurer des armes sans trop de problème. Quelques exemples : en mars 2002, deux adolescents tirent des coups de feu à Clichy en direction de membres d'une bande rivale ; un engin incendiaire de fabrication artisanale est découvert devant une salle de classe d'un collège de Suresnes ; deux adolescents jettent des cocktails Molotov en direction d'un collège à Meaux...

Naturellement, si des jeunes peuvent acheter ou se procurer ce type d'arme, que dire des terroristes qui sont structurés, organisés et financés, et se trouvent en contact avec toutes les filières de trafic d'armes qui existent dans les différentes régions du monde.

La France a déjà été ciblée par le terrorisme islamiste. À travers des attentats perpétrés dans l'Hexagone ou contre des ressortissants français à l'étranger – notamment en Algérie (sept gendarmes français, les moines de Tibhirine, les enlèvements d'agents consulaires, etc.) ou encore plus récemment au Pakistan –, le terrorisme islamiste a déjà montré qu'il était également en guerre contre la France. Sans la vigilance des services de sécurité français, d'autres attentats auraient certainement été perpétrés sur le sol français avant ou même après le 11 septembre. La ville de Strasbourg a failli vivre un cauchemar durant l'hiver 2000, ou bien Paris où les terroristes devaient s'en prendre à l'ambassade américaine sans oublier l'attaque au gaz sarin prévue contre le Parlement européen par le groupe *Meliani* démantelé en Allemagne. Des intérêts algériens et américains ont également été visés.

L'attentat suicide de Karachi, au Pakistan, qui a coûté la vie, le 8 mai 2002, à onze fonctionnaires français de la Direction des constructions navales (DCN), ainsi qu'à trois de leurs accompagnateurs pakistanais, est un mauvais signe. Il montre que la France pourrait fort bien connaître d'autres attaques, sur son propre sol comme à l'étranger où elle compte, dans plusieurs régions du monde, des intérêts militaires et économiques. Cet attentat suicide a laissé les empreintes *d'Al-Qaïda*. En effet, la technique utilisée et le caractère suicidaire de l'opération montrent qu'il s'agit bel et bien de terrorisme islamiste. De plus, à Karachi, ce fief intégriste, *Ben Laden* bénéficie d'une grande popularité auprès des fondamentalistes de la région. Il y compte d'ailleurs de nombreux complices et soutiens.

En mission au Pakistan, les fonctionnaires de la DCN participaient à un programme de coopération entre les gouvernements français et pakistanais pour la construction de plusieurs sous-marins de type *Agosta*. La France entretient ce type de coopération avec plusieurs pays visés par le terrorisme islamiste. Ce qui, *de facto*, la met en ligne de mire des islamo-terroristes, au même titre que les Britanniques, les Allemands, les Italiens et les Américains. D'ailleurs, selon des sources dignes de foi, un récent rapport confidentiel a été transmis par les services secrets aux plus hautes autorités françaises où il est indiqué qu'*Al-Qaïda* ainsi que d'autres mouvements islamo-terroristes menacent les intérêts français aussi bien à l'étranger qu'en France.

Une attaque contre la France serait d'autant facilitée qu'elle est aujourd'hui entourée de pays avec lesquels elle ne possède plus de frontières réelles et qui abritent des terroristes notoirement connus : la Grande-Bretagne, la Suède, la Suisse, les Pays-Bas et, à un degré moindre, l'Allemagne, l'Espagne, l'Italie et la Belgique qui ont accordé le droit d'asile à des terroristes, recherchés pourtant par les polices de leurs pays d'origine. Cette situation est d'autant plus préoccupante qu'entre la France et certains pays européens la coopération policière et judiciaire laisse encore à désirer.

Dans chacun des pays européens cités plus haut, on retrouve pléthore de terroristes intégristes qui ont pu y trouver refuge alors qu'ils sont fichés et recherchés dans plusieurs pays. Les demandes d'extradition restent souvent lettre morte. Malgré son engagement dans la lutte mondiale contre le terrorisme, la Grande-Bretagne continue de faire figure de capitale politique, financière et médiatique de l'Internationale islamiste. Un millier de terroristes algériens, égyptiens, saoudiens et yéménites y vivent en toute quiétude. Plusieurs terroristes arrêtés au lendemain du 11 septembre ont été remis en liberté après quelques semaines de détention. Ils n'ont pas tardé à reprende leur activisme et leurs menaces. Certains observateurs pensent que les autorités britanniques auraient passé un *deal* avec la mouvance islamiste. Cette dernière s'engage à ne pas s'attaquer aux intérêts britanniques, en contrepartie elle est autorisée à agir librement. Les attentats à Paris en 1995 avait été préparés et décidés à Londres. Et on sait aujourd'hui que l'assassinat de l'ancien chef afghan antitaliban, le commandant *Ahmed Shah Massoud*, a été, lui aussi, décidé en Grande-Bretagne. Malgré cela, on continue Outre-Manche à ménager ces hordes criminelles. Plusieurs terroristes algériens séjournent en Suisse et contrôlent les trafics d'armes. C'est le cas notamment de *Mohamed Tabet Al-Ahoual* et de *Mourad Dhina*, spécialisés dans l'acheminement des armes en provenance des pays de l'ex-bloc communiste vers les maquis algériens, *via* la France et l'Espagne. On y retrouve également des sites et des journaux de propagande.

Mohamed Atta, le chef du commando qui a perpétré les attentats du 11 septembre, a longtemps séjourné en Allemagne où on trouve

Rabah Kébir, l'un des chefs des islamistes algériens en exil, et les fils d'*Abassi Madani*, le Président du FIS dissous. Ce pays sert aux islamistes de base pour les trafics d'armes et pour le financement des groupes terroristes. L'Espagne, plaque tournante en raison de sa proximité géographique avec les pays maghrébins, abrite quelques centaines de terroristes. Ce n'est d'ailleurs pas un hasard si l'un des financiers d'*Oussama ben Laden* y a été arrêté au début de l'année 2002.

En novembre 1992, le magazine *VSD* révélait qu'un *« rapport alarmant »* fut remis par le ministère de l'Intérieur au Président François Mitterrand. Ce rapport dressait déjà un inquiétant constat sur l'habileté des islamistes à s'installer dans les banlieues. L'auteur du rapport précisait que *« la réislamisation des beurs, dans les formes que l'on connaît à l'heure actuelle, va constituer à moyen terme un obstacle supplémentaire à la lutte contre la ghettoïsation de certaines cités et un facteur de plus à prendre en compte dans l'aggravation des phénomènes de violences urbaines. Une dérive terroriste de certains groupuscules issus de cette mouvance n'est d'ores et déjà plus à exclure. »* On ne peut être plus clair. Trois ans après la rédaction de ce document, les associations islamistes naissaient comme des champignons et les terroristes algériens passaient à l'acte. Ce rapport des services de renseignements ne fut pas le seul. Depuis le début des années quatre-vingt-dix, les différents services de renseignements français n'ont cessé d'adresser notes, rapports et analyses aux responsables politiques afin d'attirer leur attention sur la menace terroriste. Au début de l'année 1995, c'est-à-dire avant le début de la vague d'attentats du GIA, les responsables de la section antiterroriste de la Brigade criminelle affirmaient, dans un rapport adressé au ministre de l'Intérieur de l'époque, que *« le retour sur notre territoire* [en France] *d'individus mus par le fanatisme religieux, et de plus formés à l'action violente, a pour effet, de par l'aura que leur confère l'expérience militaire, de fédérer autour d'eux un ensemble de personnes qui n'auront de cesse de bénéficier eux-mêmes de cet acquis dans un but de déstabilisation »*.

Aujourd'hui, policiers, services de renseignements et magistrats sont également persuadés que des actes terroristes visant la France ne sont pas à exclure. Le problème fondamental, c'est qu'il est très difficile de savoir où, comment et quand les terroristes frapperont.

Actuellement, réseaux terroristes et services de sécurité se mènent à travers le monde une guerre souterraine, invisible. C'est une immense partie d'échecs où la France occupe une des cases stratégiques. Les uns préparent, planifient et tentent d'exécuter leurs actions, les autres traquent, infiltrent et s'attellent à mettre en échec des plans macabres. La France, qui est visée par le terrorisme islamiste mais qui est également partie prenante dans une lutte mondiale contre ce même terrorisme, n'est donc certainement pas à l'abri d'une attaque. Cette guerre invisible mobilise beaucoup de moyens de part et d'autre. Si les services de police agissent selon des règles, un règlement et des lois, les terroristes, eux, ne s'encombrent d'aucune forme de bureaucratie ni de hiérarchie. Les réseaux terroristes sont formés de plusieurs petits groupes, composés chacun d'une dizaine d'individus tous aussi invisibles les uns que les autres.

La situation très tendue qui prévaut dans certaines banlieues, dopée par les problèmes économiques et sociaux dont j'ai déjà parlé, n'arrange rien. Certaines banlieues, plus précisément certains ghettos, pourraient donner naissance à une version française de l'*intifada* qui serait immédiatement récupérée par les islamistes.

Des signes précurseurs ? Il en existe. Des bars tenus par des musulmans visités par des groupes de jeunes qui exigent du propriétaire de ne plus vendre de boissons alcoolisées, les menaces lancées par *Oussama ben Laden* contre les pays occidentaux et le discours violent des mouvements islamistes en France. D'ailleurs, c'est toute l'Europe qui est menacée aujourd'hui, les islamistes n'ayant jamais caché leurs objectifs. *Omar Bakri*, un islamiste notoirement connu, chef de file du mouvement *Al Mouhajirroun* (les Exilés) et qui vit à Londres en toute impunité depuis fort longtemps, a déclaré en mars 1999 lors d'une grand-messe réunissant différents groupes terroristes : *« Notre but est de créer en Europe une cinquième colonne très puissante. »* Ce dernier ne cache pas son ambition de faire de la Grande-Bretagne, de la France et d'autres pays européens des États... islamiques !

L'autre risque qui inquiète actuellement les services secrets français, mais aussi occidentaux, est lié à l'éventualité d'une attaque chimique ou bactériologique sur la France. Ce qui suscite de telles craintes, ce sont les menaces proférées par les islamistes d'*Al-Qaïda,* et par *Oussama ben Laden* lui-même, à l'encontre de l'Occident. Ces derniers ont déjà laissé entendre qu'ils n'hésiteraient pas à utiliser de telles armes. Selon des notes confidentielles rédigées par les cellules antiterroristes et les services de renseignements français, une telle éventualité doit être prise *« très au sérieux ».* En 1996 déjà, un islamiste algérien avait été arrêté alors qu'il s'apprêtait à mettre à exécution un plan qui visait à empoisonner les réseaux d'alimentation en eau potable dans plusieurs villes françaises, dont la capitale. N'oublions pas le plan qui devait permettre à des terroristes d'*Al-Qaïda* d'attaquer le Parlement européen au gaz sarin.

En Angleterre, des chefs islamistes ont menacé vertement la France au cours de ces dernières années, et cela continue malgré les quelques mesures prises par les autorités britanniques au lendemain du 11 septembre. Les pays visés par les prêches restent dans l'ordre Israël, les États-Unis et la France. Les *Abou Hamza, Abou Katada* et *Omar Bakri,* des proches d'*Oussama ben Laden,* n'ont jamais caché leur haine à l'égard de l'Occident et de la France. Ces *« imams »* supervisent le recrutement international de terroristes et sont directement impliqués dans leur formation aussi bien idéologique que militaire. D'ailleurs, des cours de *djihad* sont publiquement organisés et des appels au meurtre sont lancés à partir des mosquées britanniques. Quand on sait la facilité avec laquelle se déplacent les terroristes, et vu la proximité géographique entre Paris et Londres, il est à craindre, en effet, que les terroristes aient réellement la possibilité de frapper quand et où ils le veulent.

Un terroriste algérien *« repenti »* a affirmé dans ses confessions [1] que *« Beaucoup des nôtres* [les terroristes] *étaient favorables à l'assassinat des étrangers, surtout des Français. La France, pour le GIA, est mêlée à l'affaire algérienne. On était tous d'accord pour dire que c'est grâce au soutien de la France que l'État algérien se maintient en place. Si le GIA perd la guerre,*

1. *Confession d'un émir du GIA,* Patrick Forestier en collaboration avec *Ahmed Salam,* Grasset, 1999.

la France sera la cible d'attentats, estimait-on. Ce n'était pas les volontaires qui manquaient. D'autant que rentrer en France n'est pas difficile. Certains étaient prêts à cacher une bombe sous leur veste et à exploser avec, dans un supermarché, pour rejoindre le paradis »... Il écrit également : *« Moi, j'étais de ceux qui estimaient qu'il ne fallait pas toucher aux Français. Nous avions trop besoin de leur territoire, car on peut facilement trouver aide et assistance parmi les centaines de milliers d'Algériens qui y vivent. Je soutenais qu'il fallait, au contraire, épargner ce pays en le considérant comme un sanctuaire où nous pouvions évoluer à notre guise... »* Ou encore : *« ... Tuer des Français, c'était porter la suspicion, amener la police à enquêter davantage dans la communauté maghrébine pour démanteler nos réseaux... »* Ces extraits d'une longue confession démontrent, on ne peut plus clairement, que les réseaux du GIA existent bel et bien en France et que plusieurs membres de cette mouvance terroriste n'hésiteront pas à frapper dès que l'occasion se présentera à eux.

En 1997, les membres d'un réseau démantelé en France révélaient à la justice que *Ben Laden* cherchait à constituer des groupes terroristes dans l'Hexagone afin de frapper des intérêts américains, français et algériens. D'ailleurs, au moment de l'interpellation de ses membres, le groupe préparait des attentats à la bombe contre l'agence Air Algérie à Marseille et l'agence de la Société algérienne des transports maritimes située sur le port de la Joliette. Ce groupe se chargeait également d'acheminer vers les maquis algériens des voitures remplies d'armes et de munitions, ainsi que des faux papiers destinés aux terroristes fichés et recherchés.

En avril 2002, on apprenait que l'auteur de l'attentat à la bombe qui avait visé, le 16 du mois, la synagogue de Djerba en Tunisie aurait vécu un certain temps en France. Ce dont on est certain, c'est que sa famille habite la région lyonnaise. *Nizar Ben Mohamed Newar* – c'est le nom du terroriste – était tunisien et roulait pour le compte du réseau *Al-Qaïda* sans que personne – même pas sa famille visiblement – ne s'en aperçoive. L'attentat qui a coûté la vie à dix-neuf personnes (dont quatorze Allemands et deux Français) et blessé une trentaine d'autres a été préparé dans la plus grande discrétion. *Nizar Ben Mohamed Newar* aurait très bien pu perpétrer l'attentat en France. C'est dire que le terrorisme est une arme redoutable mais surtout imprévisible. Les islamistes ont choisi de frapper là où personne ne s'y attendait (la Tunisie a été souvent présentée comme un havre de paix) et au moment où on pensait que les réseaux terroristes étaient affaiblis. L'enquête a révélé que cette action terroriste a été préparée en Europe et exécutée par une personne qui n'était, selon toute vraisemblance, même pas fichée par les services de police. Et il y a plusieurs terroristes dont les noms ne sont pas encore répertoriés et qui pourraient agir en toute tranquillité.

Durant l'année 2001, la justice américaine jugeait des terroristes islamistes d'*Al-Qaïda,* impliqués dans les attentats de Dar Es-Salem et Nairobi de 1998. Au cours de ce procès, l'un des terroristes a affirmé qu'*Oussama ben Laden* comptait s'attaquer à des intérêts français. Les minutes du procès, dont des extraits ont été rendus publics par *Le Nouvel Observateur*, confirment cette information. Je reprends *in extenso* les passages qui concernent la France, notamment les déclarations d'*Ali Mohamed*, un Américain d'origine égyptienne, et celles de *Hocine Kerchtou,* un Marocain né en 1964 ayant vécu un certain temps en Corse.

Ali Mohamed a déclaré ceci : « *En 1992, je m'occupais de l'entraînement militaire pour Al-Qaïda en Afghanistan. J'étais aussi chargé de la formation au renseignement. J'ai enseigné à mes élèves comment créer une cellule qui peut être utilisée en opération. J'ai aidé Al-Qaïda à s'installer à Nairobi et j'ai participé à plusieurs de ses projets au Kenya. On a monté une entreprise de vente de voitures pour générer des revenus. On a aussi créé une organisation humanitaire qui fournissait des papiers d'identité aux membres d'Al-Qaïda. En 1993, Ben Laden m'a demandé de surveiller des cibles américaines, britanniques, françaises et israéliennes à Nairobi. Parmi celles-ci, il y avait l'ambassade des États-Unis, le centre culturel français et l'ambassade de France. Ces cibles avaient été choisies pour répliquer à l'implication des États-Unis en Somalie. J'ai pris des photos, dessiné des diagrammes et écrit un rapport. Je suis ensuite retourné à Khartoum, où mon dossier de surveillance et les photos ont été analysés par Oussama ben Laden et d'autres. Ben Laden a regardé la photo de l'ambassade américaine et a pointé l'endroit où le camion devait exploser. En 1994, Ben Laden m'a envoyé à Djibouti pour surveiller plusieurs endroits, dont les bases militaires françaises et l'ambassade américaine.* »

Le second témoin, *Hocine Kerchtou*, avait déclaré au cours de son audition :

– LE TRIBUNAL : Pourquoi votre supérieur voulait-il que vous alliez au Sénégal ?

– HOCINE KERCHTOU : Il voulait que l'on surveille des cibles françaises au Sénégal.

– Pourquoi ?

– Parce que la France était contre les musulmans en Algérie et qu'*Oussama ben Laden* a dit dans un de ses meetings qu'il aidait les Algériens.

– Qu'avez-vous fait pour préparer votre action au Sénégal ?

– Nous avons acheté des cartes et des livres sur le Sénégal.

– Vous pensiez vraiment y aller ?

– Oui.

– Mais en réalité avez-vous mené cette surveillance au Sénégal ?

– Non.

– Pourquoi ?

– Parce que *Mohamed Amriki* [son complice] a reçu un appel des États-Unis. Il devait rentrer. On a annulé l'opération.

Il est évident, à travers ces témoignages, que la France est visée par des actions terroristes depuis le début des années quatre-vingt-dix. Si le danger est aujourd'hui encore plus grand, c'est que toutes les informations que j'ai pu recueillir sur le terrain et auprès de différentes sources accréditent cette idée – maintes fois rejetée par les services de sécurité européens – que, depuis quatre ans, il y a une jonction entre pratiquement toutes les organisations terroristes islamistes. Cette jonction a eu lieu entre *Al-Qaïda* d'*Oussama ben Laden*, *Al-Jamaa Al-Islamiya* de l'Égyptien *Aymen Al Dhawahiri* (devenu bras droit de *Ben Laden* et tête pensante d'*Al-Qaïda*), les islamistes pakistanais de la *Jamaa i-Islamiya,* dirigés par *Qadhi Hussein Ahmed,* le groupe *Al-Mouhajirroun* du Syrien *Omar Bakri Mohamed,* le GSPC algérien dirigé par *Hassan Hattab, Ansar Al-Charia* d'*Abou Hamza El-Misri* et de quelques factions du GIA installées en Europe, ainsi que le groupe islamiste philippin d'*Abou Sayyaf.* Deux villes ont permis à cette jonction de se faire : Londres et Peshâwar. Cette information m'a été donnée une première fois en Algérie en 1998, par des services chargés de la lutte antiterroriste, une seconde fois en France en 2000 par des islamistes maghrébins, et une troisième fois au Pakistan par un islamiste pakistanais appelé *Abou Bakr*, qui a combattu durant la première guerre d'Afghanistan et qui connaît parfaitement les réseaux arabes d'*Oussama ben Laden.*

Cette jonction qui entre dans le cadre de la guerre déclarée en 1998 par les terroristes islamistes *« aux juifs et aux croisés »* va permettre aux islamo-terroristes de coordonner leurs actions et de s'entraider dans la préparation des opérations. Par exemple, et comme je l'ai déjà précisé, si *Oussama ben Laden* ou l'un de ses lieutenants décide de frapper la France, ils demanderont aux réseaux du GSPC ou du GIA d'accomplir l'opération. En 1998, les organisations terroristes en s'alliant entre elles, créent le Front islamique international pour le *djihad* contre les juifs et les croisés. Dans l'une des premières déclarations de ce « Front », on pouvait lire : *« L'ordre de tuer les Américains et leurs alliés – civils et militaires – est pour tout musulman un devoir dont il peut s'acquitter dans tout pays et partout où cela est possible... »*

Les terroristes pourraient envisager de s'attaquer à la France ou à des intérêts français, et ce pour au moins six raisons. Premièrement, les islamistes algériens ont un compte à régler avec la France, puisqu'ils tiennent ce pays pour un allié du pouvoir algérien qu'ils combattent. De plus, la France est géographiquement considérée comme une des portes de l'Europe et se trouve à proximité de plusieurs foyers de tensions. Deuxièmement, tous les islamistes s'accordent à dire que l'Hexagone représente un pays occidental stratégique car il compte une forte communauté musulmane, de surcroît de nationalité française pour une grande partie d'entre elle. Troisièmement, certains intégristes tenteront – à travers des attentats commis en France – de créer un véritable fossé entre la communauté musulmane et le reste de la société, et de susciter – c'est ce qu'ils espèrent – une spirale de la violence. Quatrièmement, les islamistes, qui n'ont jamais digéré l'histoire coloniale, cherchent depuis longtemps à s'en prendre à la France. Ce serait pour eux une revanche. Cinquièmement, à travers l'action terroriste, les islamistes cherchent également un écho médiatique. Or, les médias français sont un excellent support puisqu'ils jouissent de la liberté d'expression qui leur permet de rendre publique, pratiquement en temps réel, toute action terroriste. Sixièmement, en s'attaquant à la France, les terroristes islamistes espèrent créer un climat de terreur dans tous les pays européens et toucher par là même l'économie du Vieux Continent. L'opinion publique française, mais aussi européenne, est à la fois très vulnérable et très sensible à la pression qu'engendre une menace de ce genre. La psychose crée un changement dans les comportements, ce qui ne manque pas d'influer aussi bien sur les plans politique et social que sur le plan économique. Et cela, les terroristes le savent...

Il ne faut pas omettre non plus que la France est officiellement en guerre contre le terrorisme islamiste. Plusieurs réseaux terroristes ou proches de la mouvance islamiste ont été démantelés, l'aviation française a participé aux bombardements des bastions taliban et de ceux d'*Al-Qaïda*, le porte-avions *Charles-de-Gaulle* était sur le théâtre des opérations, les services secrets français ainsi que cinq cents soldats se trouvent également en Afghanistan où ils participent à la traque des réseaux d'*Al-Qaïda* ou à la formation de la nouvelle armée afghane. La France est donc considérée *de facto* par la majorité des islamistes comme un *« pays ennemi »*. Or, comme l'a avoué le guide spirituel soudanais *Hassan Al-Tourabi* au journaliste Alain Chevalérias, *« l'islam nous enseigne de terroriser l'ennemi*[1] *»*. Pour les islamistes, le terrorisme reste donc une arme *« légitime »* contre tout État non régi par la *charia* ou contre tout pays qui combat le terrorisme.

Depuis le 11 septembre 2001, une traque internationale contre les terroristes a été lancée. La France participe à cette lutte mondiale qui, il faut l'avouer, n'a pas encore atteint tous ses objectifs. Fin août 2002, *Oussama ben Laden* n'était toujours pas arrêté, ni même localisé, bien que plusieurs rumeurs aient fait état de sa mort. En France, il y a

---

1. *Islam, avenir du monde,* J.-C. Lattès, 1997.

eu certes plusieurs interpellations mais peu de personnes inculpées. Plusieurs signes montrent que beaucoup de réseaux n'ont pas été encore identifiés. Au lendemain du 11 septembre, les différentes cellules ont mis entre parenthèses leurs activités terroristes et elles évitent certainement d'utiliser les liaisons téléphoniques comme elles le faisaient auparavant. Les terroristes islamistes ont toujours suivi cette méthode : ils laissent passer la tempête, ils se font oublier pour resurgir au moment où on les attend le moins. C'est pour cela que la vigilance doit rester de mise. Naturellement, la lutte antiterroriste est loin d'être une partie de plaisir. C'est une lutte de longue haleine qui risque de prendre plusieurs années, notamment en France où, comme je l'ai expliqué, les milieux islamistes offrent un vivier considérable de candidats au *djihad.*

CHAPITRE 5

Que faire ?

Tous les intégristes musulmans ont une conviction inébranlable. Pour eux, *« l'islam est incompatible avec la démocratie et seul le djihad est à même de propager le message divin à travers la planète »*. Il est clair que, porteur d'une telle doctrine, l'islamisme est à combattre de la même manière qu'a été combattu le nazisme en son temps ou encore le fascisme. Comme il est si bien rappelé dans le livre intitulé *Menaces islamistes*[1], de Pierre-Henri Bunel, un retraité des services français de renseignements qui a beaucoup travaillé sur le dossier *« l'islamisme peut s'imposer par la force (Afghanistan, Iran, Soudan, etc.) ou être maté par la force (Algérie, Égypte, Afghanistan, etc.) »*. Dans le cas qui nous intéresse, il ne s'agit pas de déployer les chars dans les banlieues ou de bombarder les quartiers populaires. L'islamisme ne se combat pas uniquement par la force militaro-policière mais par celle des lois et des principes qui existent dans un grand État comme la France. Il se combat également à travers une volonté politique et plus précisément en s'appuyant sur une politique cohérente.

S'il est à la fois simpliste et dangereux d'ethniciser la délinquance, l'insécurité et la criminologie, il ne faudrait pas non plus angéliser la

1. Carnot, février 2002.

banlieue et la communauté musulmane. D'un autre côté, il est évident que les craintes de stigmatisation empêchent hommes politiques, magistrats et policiers de reconnaître que la majorité des actes de violence est commise par des jeunes d'origine étrangère et particulièrement de confession musulmane. Tant que cette vérité ne sera pas reconnue et traitée par les différents départements qui travaillent sur ce sujet, la violence non seulement persistera, mais elle pourra également être canalisée et récupérée par le terrorisme islamiste. Le fondamentalisme religieux est considéré également comme un exutoire. Nous l'avons d'ailleurs bien vu, les raisons qui poussent des jeunes à adopter des attitudes violentes sont celles qui les poussent vers l'intégrisme et le terrorisme : échec scolaire, problèmes identitaires, problèmes d'intégration, précarité sociale, etc.

Dans le même sillage, on a vu les liens qui existent entre le grand banditisme, les trafiquants de drogue, les faussaires et les voleurs, d'un côté, et les terroristes islamistes, de l'autre. Il est clair que les uns sont rarement loin des autres. En établissant une liste de banlieues et de quartiers populaires où des réseaux terroristes ont été démantelés ces dernières années et une autre liste de quartiers faisant face à une grande insécurité, on s'aperçoit tout simplement que, dans la majeure partie des cas, ce sont les mêmes noms qui reviennent, le plus souvent, dans les deux listes.

L'État républicain doit réagir et les hommes politiques ne plus avoir peur que cette réaction, qui doit s'inscrire dans un cadre légal et républicain, soit perçue comme une provocation par certains milieux musulmans. La situation aujourd'hui est inquiétante car même les représentants des pouvoirs publics laissent faire et refusent de critiquer ouvertement les errements de certains milieux musulmans et renoncent, par là même, à appliquer parfois les lois de la République par crainte qu'une application stricte de celles-ci soit mal perçue. Il serait urgent aussi de repenser le système laïque français non pas en le remettant en cause, mais en lui permettant de s'adapter aux réalités socioculturelles de la France d'aujourd'hui. Il faudrait – peut-être – que la France prenne en compte le multiconfessionnalisme d'une manière plus effective.

Les Français n'ont pas encore réussi à instaurer un véritable débat autour de l'islam. Les liens historiques qu'a entretenus la France avec un certain nombre de pays musulmans l'empêchent souvent de débattre de la religion musulmane et des musulmans. Le sujet est devenu quasiment tabou. Pour trouver des solutions aux problèmes de l'islamisme, il devient nécessaire – peut-être même vital – d'apprendre d'abord à connaître cette religion qui suscite tant de passions et tant d'interrogations chez la plupart. Loin des propos racistes, loin des sorties médiatiques ou éditoriales provocantes – comme celle d'Oriana Fallaci – et loin de la caricature et du simplisme, il est urgent, pour l'avenir de la France et des Français (y compris les musulmans), la sécurité et la sérénité de ces derniers, de trouver les solutions à la fois politiques, socio-économiques et culturelles en premier lieu ; policières et juridiques, ensuite, pour réduire le danger qui pourrait naître de l'islamisme. Je n'ai cessé de le répéter : combattre le terrorisme sans s'attaquer à l'islamisme ne servirait qu'à retarder l'échéance. Partant de ce postulat, il convient de mettre en œuvre les mécanismes qui, d'abord, faciliteront l'intégration et épargneront à la religion musulmane toute tentative d'instrumentalisation.

L'intégration ne pourra être réussie, disons-le, sans une égalité de traitement entre l'islam et les autres cultes, ce qui commencera certainement par normaliser cette religion et ceux qui se reconnaissent en elle. Si la religion musulmane ne doit bénéficier d'aucun *« traitement de faveur »* de la part de l'État, à l'instar des autres religions, elle ne doit pas non plus souffrir d'une quelconque forme de marginalisation ou d'exclusion. Et c'est peut-être là que réside la solution de ce nœud gordien. En effet, beaucoup de musulmans, qui pourtant sont loin de se reconnaître dans les mouvements ou les idées fondamentalistes, estiment que l'islam subit l'exclusion au même titre que les musulmans. Première victime du chômage et des problèmes socio-économiques, la communauté musulmane constate, en effet, que sa religion est tout autant exclue que les citoyens qui se reconnaissent en elle.

Détruire les clichés, les arrière-pensées, les caricatures et les préjugés négatifs devient également indispensable. Il ne faudrait surtout pas, en raison de malentendus ou de la conjoncture internationale, laisser croire, d'une manière ou d'une autre, à la société française que, s'il y a cinq millions de musulmans qui vivent en France, il y aurait autant de candidats au terrorisme.

En décembre 1999, l'Assemblée générale des Nations unies a adopté, par consensus, un projet de convention universelle de lutte contre le financement du terrorisme. Proposé par la France, le projet vise à lutter contre le financement du terrorisme international. Naturellement, cette initiative n'a pas empêché les islamistes de poursuivre leurs activités, c'est là néanmoins un premier pas dans le long processus qui mène à l'éradication du terrorisme islamiste. Comme j'ai essayé de le démontrer tout au long de cet ouvrage, le caractère international du terrorisme islamiste est une réalité. Réalité qu'il faudra nécessairement combattre à travers une lutte à caractère tout aussi international, notamment contre tout ce qui est périphérique au terrorisme, c'est-à-dire le trafic d'armes, les faux papiers, le financement du terrorisme, etc.

Hormis la coopération internationale, il faudrait adapter également l'arsenal juridique aux risques actuels. Si la France possède les lois les plus répressives à l'égard du terrorisme – comparativement à ses partenaires européens –, il reste toutefois qu'il serait important de l'étendre afin que les réseaux et les associations islamistes qui constituent le plus souvent des bases de soutien au terrorisme puissent être réprimés par la loi. L'activisme islamiste doit nécessairement être stoppé par un arsenal juridique adapté aux réalités de l'heure. Il faudrait également permettre à la justice d'incriminer le terrorisme en tant que tel, puisque aujourd'hui on ne parle que *« d'association de malfaiteurs en relation avec une entreprise terroriste »*. C'est donc aux législateurs de lever certaines entraves qui empêchent souvent la justice et les enquêteurs de faire leur travail d'une manière efficace. Naturellement, ceci ne manquera de susciter une levée de boucliers de la part de certaines organisations humanitaires qui, à travers la pression qu'elles exercent, favorisent – indirectement – l'épanouissement de l'intégrisme religieux et, par prolongement, celui du terrorisme islamiste.

Démanteler des réseaux terroristes est une action nécessaire. Penser que c'est une démarche suffisante constituerait une erreur monumentale. Sans une politique préventive qui réduirait le danger terroriste, la menace demeurera réelle. Combattre le terrorisme sans s'attaquer, à travers un travail de fond, à la doctrine qui le nourrit, c'est donner un coup d'épée dans l'eau. En effet, préférer la réaction à l'action donnera une confortable marge de manœuvre aux islamistes, ce qui leur permettra d'affermir leurs positions et de grossir leurs rangs. Naturellement, face au terrorisme, il n'y a aucune recette miracle, il ne peut y avoir que des politiques cohérentes et une volonté inébranlable.

Jusqu'au mois de mai 2002, il existait très peu de musulmans parmi les cadres supérieurs de l'État. Pas de préfet, pas de ministre, pas d'ambassadeur d'origine maghrébine. Ces derniers sont-ils appelés à occuper les postes subalternes uniquement ? C'est là une question qui revient souvent dans les conversations avec les *beurs*. Le constat est naturellement impitoyable. Il est vrai que certaines pesanteurs et des mentalités bloquées ont longtemps empêché l'émergence d'une élite maghrébine qui existe pourtant bel et bien. Cette vérité, les *beurs* la connaissent, et les prédicateurs l'utilisent comme *« argument béton »* pour démontrer que la France *« ne veut ni de l'islam ni des musulmans »*. Les islamistes ont toujours utilisé les tares et les insuffisances qui peuvent caractériser un système pour étayer leur propos. C'est le propre du populisme, et nous savons tous que les prédicateurs y excellent justement tout comme ils excellent dans la récupération des problèmes existants au sein d'une société. Les Français d'origine maghrébine constituent une catégorie de citoyens dont la présence en France est historiquement récente. Les aspirations à la présence de *« français-maghrébins »* dans de hautes fonctions de l'État sont légitimes. Le temps et l'évolution doivent permettre d'aboutir à cette consécration. Du point de vue des autorités et des institutions, il est impératif de combattre toutes les formes de discrimination qui pourraient justement entraver cette évolution dont les contours se dessinent.

L'autre question à régler impérativement concerne ces cités de banlieue qui se sont transformées en zones infranchissables, voire en zones de non-droit. Ces endroits sont devenus des lieux où prolifèrent tous les maux sociaux. Les démanteler servirait d'abord à s'attaquer au problème de l'insécurité mais aussi à couper l'herbe sous les pieds des islamistes qui voient en ces quartiers les meilleurs viviers pour le recrutement de futurs marginaux. Ces cités surpeuplées n'ont créé finalement que des problèmes, aussi bien pour leurs occupants que pour l'ensemble de la société. Aller vers des quartiers ou cités plus compactes, plus *« métissées »* et moins isolées qui ne compteraient plus que quelques centaines d'habitants permettrait de réduire d'une manière considérable le communautarisme, le banditisme, la délinquance, l'échec scolaire et, de toute évidence, le fléau islamiste et l'hydre terroriste qu'il engendre. En clair, il faudrait impérativement se battre contre tous les drames humains qui alimentent également l'islamisme et le terrorisme. Évidemment, ce genre d'action qui devra être inscrite dans le cadre d'une politique globale, d'une démarche dialectique ne sera qu'une étape, car les points les plus importants restent, à mon avis, ceux liés à l'intégration, l'école, la ségrégation et le chômage.

On ne peut pas parler d'intégrisme sans parler d'insécurité. Si le premier contribue à produire le second, la délinquance et le banditisme peuvent faire bon ménage avec le terrorisme islamiste. Sur ce point, il faudrait que tous les hommes politiques parlent d'une seule et même voix, dépassent les clivages et les affrontements idéologiques pour rapprocher leurs positions. C'est ce qui permettrait aussi de lutter efficacement contre l'insécurité et, *a fortiori*, contre le terrorisme islamiste.

Les jeunes en général et les jeunes *beurs* en particulier doivent être l'objet d'une plus grande attention. Si le nombre des délinquants âgés de moins de dix-huit ans a augmenté de 80 % en dix ans, selon le ministère de l'Intérieur, c'est que cette catégorie de la population rejette le système qui lui a été proposé jusque-là. Il faudra nécessairement trouver des solutions afin de proposer aux jeunes d'autres voies qui les éloigneraient de la violence et de la délinquance et qui, surtout, ne les prédisposeraient pas à l'endoctrinement islamiste. Il est clair que si ces jeunes sont récupérés par les courants fondamentalistes, ces derniers canaliseront leur énergie, cette violence, et lui donneront un sens : le *djihad*.

Sur le plan sécuritaire, il devient nécessaire d'améliorer sensiblement la coopération internationale pour la lutte contre le terrorisme. Les problèmes d'extradition, par exemple, ne doivent plus être une pierre d'achoppement dans cette entreprise qui devra être menée à l'échelle mondiale. Il est en effet inconcevable de constater qu'un terroriste recherché au Yémen, en Égypte ou en Algérie puisse vivre librement et poursuivre ses activités criminelles en Grande-Bretagne, en France, en Allemagne ou ailleurs. Pour ce faire, il est tout aussi impératif d'adapter les textes de loi à cette situation exceptionnelle, à savoir une guerre qui ne veut pas dire son nom. Sur un plan juridique, les textes doivent également permettre des sanctions plus lourdes pour les terroristes, car rarement le temps passé en prison pousse un criminel intégriste à renoncer au *djihad*. Les exemples sont nombreux : la plupart des personnes ayant été impliquées dans des affaires de terrorisme avaient déjà séjourné en prison dans un pays ou dans un autre. La France ainsi que les pays européens doivent revoir les critères de droit d'asile et ce afin d'éviter qu'un terroriste ayant massacré en Tchétchénie, par exemple, puisse bénéficier d'un statut de réfugié politique en France, ce qui lui permettra incontestablement d'intégrer un réseau opérant en Europe. Le contrôle aux frontières doit, lui aussi, être empreint de plus de rigueur.

Selon les chiffres du ministère de l'Intérieur, il existerait aujourd'hui en France près de 1 500 mosquées et salles de prière ; le recensement effectué pour la consultation entre les pouvoirs publics et les associations musulmanes fait état de 1 200 lieux de culte. Nous sommes donc dans une moyenne d'une mosquée pour 3 500 fidèles. Paris, Toulouse, Lille, Marseille et Lyon abritent plus de la moitié des lieux de culte musulman qui se sont érigés dans l'Hexagone en une trentaine d'années. En région parisienne, on compte près de 400 lieux de prière, Lille et Lyon en comptent près de 80 chacune. Ce qui reste raisonnable, vu qu'une écrasante majorité de musulmans n'est pas pratiquante. Il faut savoir, qu'à la fin des années soixante-dix, il n'y avait que 70 lieux de culte musulmans en France. Ce chiffre a plus que décuplé en trente ans. On ne peut que constater cette surprenante évolution : 500 lieux de culte musulmans en 1985,

700 en 1995 pour dépasser le millier aujourd'hui. Le problème réside dans le fait que certains de ces lieux de culte sont pratiquement clandestins et incontrôlables mais aussi inadaptés. En réalité moins de 500 lieux de culte peuvent prétendre réellement au titre de mosquées, les autres ne sont en vérité que des lieux de prière. Une mosquée doit obligatoirement posséder un imam permanent, assurer des fonctions cultuelles (mariage religieux, prière de l'*Aïd*, prière du vendredi...), des fonctions sociales (mariage, circoncision...) et offrir surtout les conditions d'hygiène notamment celle nécessaires aux ablutions, comme elle doit être aux normes de sécurité. Or, ce n'est pas le cas de la majorité des lieux auxquels on attribue pourtant un statut de mosquée. Les salles de prière situées dans des caves, des hangars et autres locaux, et qui ne répondent pas aux normes religieuses et légales, doivent être obligatoirement démantelées. D'ailleurs, la plupart d'entre elles sont contrôlées par des islamistes qui font plus du militantisme en faveur du terrorisme que de la pratique religieuse proprement dite.

La question principale à poser aujourd'hui est la suivante : sait-on quel genre de discours est véhiculé dans les mosquées ? Est-ce un message conforme aux valeurs républicaines ? Un message de tolérance et de fraternité ? Ou est-ce un message de haine et de violence ? Si, à travers les rapports des RG, les autorités françaises peuvent connaître le type de message diffusé dans les principales mosquées, il est toutefois difficile de savoir ce qui se trame dans les autres et notamment dans ces salles de prière aménagées dans les caves ou les hangars des cités de banlieue. Si, en règle générale, j'ai pu constater une évolution dans le discours prêché dans la plupart des mosquées, il reste que certaines d'entre elles tiennent toujours un discours à la limite de l'acceptable. J'ai pu remarquer cela en région parisienne, dans les mosquées de Belleville (fréquentée par des intégristes algériens et tunisiens notamment), Évry, Mantes-la-Jolie, La Courneuve (où il y a une très forte action sociale des islamistes), Les Mureaux et Saint-Denis. Il est nécessaire de donner un bon coup de pied dans la fourmilière. D'autant plus qu'autour de certaines de ces mosquées, il y a une prolifération de trafics en tous genres (faux papiers, recel, trafic de drogue...) Par ailleurs, certaines sources m'ont confirmé que la situation était encore beaucoup plus préoccupante dans des mosquées situées en région lyonnaise, à Marseille, à Toulouse et à Grenoble...

L'islamisme, et par conséquent le terrorisme, est un phénomène diffus qui se propage dans tous les sens, tentant de se greffer, autant que faire se peut, dans les communautés musulmanes, voire au-delà. Néanmoins, ce mal, longtemps ignoré et minimisé, est une réalité, y compris en France. Cette réalité inquiétante et cruelle doit – nous sommes devant une situation de fait – être combattue. Ce combat doit être mené en amont à travers des actions sociales (contre l'exclusion, la discrimination, le racisme et le chômage), au moyen de luttes pour une meilleure intégration des étrangers et pour régler les questions culturelles et identitaires spécifiques à la communauté musulmane. Ces luttes passent obligatoirement à travers plus de justice sociale, et plus de justice tout court.

Enfin, la France doit nécessairement sensibiliser ses partenaires européens, notamment les Britanniques, les Néerlandais et les Belges, afin qu'ils mettent fin au laxisme ambiant dans ces pays où les islamistes trouvent toute facilité pour propager leur idéologie et financer, préparer et commanditer leurs actes criminels. On est obligé de maintenir un degré de vigilance acceptable, même en période d'accalmie, et les services de renseignements et de police des pays européens doivent apprendre à travailler la main dans la main avec des objectifs communs : faire barrage à la menace terroriste, faire reculer l'islamisme. Dans ce cadre, l'échange de l'information, notamment, devient capital entre les différents services.

Réaction de la banlieue face à l'islamisme

L'islamisme a tissé sa toile d'araignée en France, aux abords des banlieues, des quartiers populaires et des mosquées. Des jeunes *beurs*, écartés du système scolaire, rejetés par le monde du travail et diabolisés par une partie de la société, sont devenus ces proies idéales qui risquent d'être prises dans une toile d'où il est souvent très difficile – voire impossible – de s'extirper. Des parents et des éducateurs sont conscients du danger mais restent impuissants face à cette idéologie qui fascine certains jeunes. Ils sont impuissants devant ces voix de sirène qui attirent leurs enfants. Ils sont d'autant plus impuissants qu'ils ont l'impression que les pouvoirs publics ne font rien, ou pas suffisamment pour parer au danger.

Localement, dans les quartiers, associations et élus locaux ont peur de s'attaquer aux groupuscules islamistes de crainte que leur action soit mal interprétée. En France, certains milieux sont très prompts à taxer de *« raciste »* et de *« xénophobe »* toute action qui dénonce les activités malsaines de l'islamisme. La communauté musulmane, elle-même plusieurs fois agressée, notamment par les propos de l'extrême droite, ne sait presque pas faire la différence entre attaque à l'encontre de l'islam et attaque à l'encontre de l'islamisme. Il est vrai que cet écheveau doit être démêlé afin de clarifier les choses aussi bien pour la société dans son ensemble que pour cette communauté musulmane.

Les jeunes *beurs* qui tournent autour de l'islamisme, comme des papillons de nuit attirés par une lueur, croient souvent que cette idéologie serait la thérapie. *« Le bonheur est dans l'islam »*, leur martèle-t-on. En se dirigeant aveuglément vers cet *« islam »*, ils ne se rendent même pas compte qu'ils se jettent parfois dans les abysses de l'extrémisme. Les parents et les familles musulmanes sont partagés entre ces échos qu'ils reçoivent, et qui les mettent en garde contre les dangers de l'islamisme, et ces *« barbus »* de la cité, qui leur demandent de leur confier leurs enfants afin que ceux-ci apprennent la religion de leurs ancêtres et s'éloignent de la drogue et de la délinquance.

Certains maires et certains élus locaux ont renoncé depuis longtemps à faire respecter les lois de la République dans l'espoir de préserver la paix sociale dans leur commune. En réalité, les raisons de cette situation catastrophique sont intimement liées à l'échec des politiques d'intégration. Combien de fois ne l'a-t-on pas entendu ou lu : le modèle français d'intégration est en panne. C'est là une évidence. Les Français d'origine étrangère et les étrangers en font parfois le constat. Dans les différents discours que j'ai pu écouter, il ressort même une forme de rejet du modèle d'intégration proposé. Tous mes interlocuteurs ont mis l'accent sur un paradoxe : ils veulent que les étrangers réussissent leur intégration en France, alors qu'ils doivent faire face à une terrible discrimination sur le marché du travail et galérer pour trouver un appartement. Une remarque très objective au demeurant, qui revient souvent dans la bouche des citoyens d'origine maghrébine. Imparable, elle s'accompagne d'arguments en béton : les cadres d'origine étrangère sont deux fois plus menacés par le chômage que les Français dits *« de souche »*, le délit de faciès fait toujours des ravages, la méfiance à l'égard des musulmans est omniprésente, etc. Ce sont des faits qui restent vérifiables dans le vie quotidienne. On est loin, faut-il le préciser, de l'espoir né au lendemain de la fameuse *« marche des beurs »* qui, il y a une vingtaine d'années, suggérait d'entrevoir des solutions qui auraient certainement empêché certains jeunes de se laisser endoctriner par le discours intégriste.

Les habitants des banlieues, notamment les adultes, sont en général opposés à l'extrémisme religieux. Ils craignent pour l'avenir de leurs enfants mais n'ont presque plus d'arguments à faire valoir pour les convaincre d'éviter tout ce qui pourrait mener vers le communautarisme et le repli sur soi. *« La France se comporte avec les banlieues comme elle se comportait avec ses anciennes colonies »*, cette phrase lancée par un sexagénaire habitant Nanterre résume l'état d'esprit qui anime plusieurs membres de la communauté musulmane. *« Les hommes politiques et les médias,* me dira-t-il, *ne s'intéressent à la banlieue que quand il y a des problèmes. Les jeunes le savent, alors ils font des conneries pour dire : regardez dans notre direction, on existe ! »* Sans aller vers une logique de victimisation, force est de reconnaître que la communauté musulmane a été parfois poussée vers le communautarisme. C'est d'ailleurs ce qui constitue le véritable danger puisque les islamistes utilisent cette situation à leur profit. À cet égard, il ne faut surtout pas oublier que l'islamisme a prospéré dans des milieux peuplés d'exclus, de laissés-pour-compte, de victimes des crises économiques et de tous ceux qui essuient échec sur échec.

Il est de plus en plus difficile de résister aux pressions auxquelles sont parfois soumises les familles musulmanes dans certaines cités dites *« sensibles »*. Souvent otages d'une situation précaire, elles doivent faire face aux problèmes quotidiens et aux risques encourus par des enfants qui ont parfois tendance à quitter l'école et à prendre le chemin de la délinquance, de l'islamisme. Exemples concrets : des familles reçoivent la visite de l'imam du quartier qui propose une aide matérielle à condition que les filles mettent le voile ou que les garçons aillent plus souvent à la mosquée. Certaines familles résistent, d'autres cèdent.

Ce que beaucoup de gens ignorent, c'est que les images produites par le terrorisme abject du 11 septembre 2001 ont été également les révélateurs de l'état d'esprit qui prédomine dans les milieux de jeunes banlieusards, proches des islamistes. Plusieurs témoignages me l'ont confirmé, des jeunes *beurs,* embrigadés par l'idéologie islamiste, n'ont pas hésité à applaudir, comme s'ils applaudissaient des buts dans un stade de football, au moment où les avions heurtaient les tours de Manhattan. Ils ont applaudi et ils ont sauté de joie face aux *« exploits »* de leurs *« frères »* kamikazes. Ces jeunes se sentaient *« vengés »* par les hommes d'*Oussama ben Laden.* C'est ainsi que plusieurs d'entre eux justifient leur geste pour le moins indécent. Cette attitude *« anti-occidentale »* ne les empêche pas pour autant d'arborer les signes de l'Occident capitaliste. Ils portent des vêtements de marque tels Nike ou Adidas, ils mangent chez MacDo, écoutent de la musique techno...

D'autres jeunes – bien que très pratiquants – cherchent à se démarquer de ce genre d'attitude, qu'ils condamnent d'ailleurs. L'un d'entre eux m'a expliqué que beaucoup de jeunes ont suivi la voie de l'islamisme *« non par conviction mais par réaction à un système donné ».* Quel est ce système ? *« Celui qui ne donne pas de travail aux gens en raison de leur prénom ou de leur faciès, celui où un étranger, surtout un Arabe, est coupable jusqu'à preuve de son innocence »*, me lancera mon interlocuteur qui se décrit comme un *« musulman pratiquant qui s'en fout de la politique ».* Il se *« fout »* de la politique jusqu'à un certain point. Il ne faut pas lui poser les questions qui fâchent. Intégration ? *« Qu'est-ce que cela veut dire ? Me raser la barbe, m'habiller en costume, me colorer les cheveux et me mettre des lentilles bleues ? Je suis français musulman et je ne veux pas ressembler aux Français chrétiens ou juifs. C'est mon droit. »* Telle sera sa réponse. Celle d'un islamiste que certains n'hésiteraient pas à considérer comme *« modéré ».*

Faut-il réformer l'école ?

Les prédicateurs musulmans rôdent autour des collèges et des lycées comme les loups rôdent autour d'une future proie. Ils voient dans les jeunes, *beurs* notamment, de futurs guerriers d'*Allah*. Certains adolescents de confession musulmane accordent davantage de crédit aux prédicateurs, qui les fascinent, qu'à leurs professeurs, qui les ennuient. La raison ? Le programme scolaire est jugé peu intéressant, certains d'entre eux constatent que la réussite scolaire ne rime pas forcément avec une réussite sociale et, enfin, leurs modèles ne sont pas forcément des gens qui ont réussi à l'école. Certes, la situation n'est pas encore dramatique, elle risque toutefois de le devenir, car l'école reste, tout de même, le reflet de la société de demain.

L'école est obligatoire en France jusqu'à l'âge de seize ans. C'est la loi qui le prévoit. Néanmoins, beaucoup d'adolescents tentent, depuis quelques années, de quitter ses bancs de plus en plus jeunes. Parmi ces jeunes, beaucoup d'enfants d'immigrés, d'enfants issus de milieux modestes ou encore d'enfants dont les parents sont en situation irrégulière en France. Ce sont naturellement autant de cibles potentielles pour les prédicateurs islamistes. D'autant que ces derniers tentent *« d'acheter »* de nouveaux adeptes à travers l'action sociale. Les jeunes collégiens, qui ont déjà eu l'occasion d'écouter les *« arguments »* des prédicateurs, témoignent, en majorité, que ces derniers leur parlent beaucoup de cette école qui, *« par racisme »*, ne veut pas enseigner l'arabe ou le Coran, qui *« empêche »* les jeunes musulmanes de *« porter le voile »*. Le discours des islamistes encourage le communautarisme, le repli sur soi, et fait tout pour empêcher les jeunes d'origine étrangère de s'intégrer dans la société française. Cette action passe aussi par le *« travail »* que les fondamentalistes tentent d'accomplir auprès des plus jeunes, surtout au niveau des cités populaires. C'est donc un bras de fer qui doit s'engager avec subtilité entre l'Éducation nationale et les prédicateurs islamistes.

L'école française, celle de Jules Ferry, a toujours enseigné les vertus à la fois nobles et simples qui ont fait sa force et sa réputation internationale. Français de *« souche »*, Français *« d'origine étrangère »* et étrangers ont toujours reçu la même formation : apprendre à être citoyen et à vivre au sein de la République. Les enfants apprenaient à vivre ensemble, à être égaux en droits et en devoirs, à être tolérants et respectueux au-delà de toute considération ethnique, religieuse ou communautaire. Aujourd'hui, cette école n'existe presque plus. On a l'impression qu'elle fait déjà partie du passé. Formidable modèle, cette école extraordinaire est en effet devenue l'otage des communautarismes. Sous l'impulsion des islamistes, on cherche à y faire accepter le *« foulard islamique »*, à y apprendre l'arabe classique, voire à y imposer l'islam. Les concessions consenties jusque-là par une partie du monde politique et le manque de fermeté de l'État ont fait qu'aujourd'hui, des *beurs*, c'est-à-dire des Français, cherchent à apprendre l'arabe et délaissent la langue de Voltaire, s'occupent de religion et refusent d'apprendre quoi que ce soit à propos de la démocratie, ils veulent tout savoir sur la culture arabo-musulmane mais dédaignant l'apprentissage de l'Histoire de France. Ils cherchent finalement à n'être plus rien. Dans leur quête d'identité, ils risquent de n'en avoir aucune. Cette dérive a provoqué des résultats catastrophiques, car les victimes, ce sont aujourd'hui des adolescents qui arriveront à l'âge adulte sans aucun bagage intellectuel, sans perspective d'avenir, avec peut-être, pour seul refuge, l'islamisme, pour seule expression, le terrorisme.

Sur l'islam, le programme scolaire réserve pratiquement une seule leçon, évacuée en un seul cours. C'est évidemment insuffisant, les jeunes adolescents de confession musulmane souhaiteraient connaître davantage sur l'histoire de leur religion. Ce qui est tout à fait normal. Si l'école est incapable d'assouvir leur curiosité, des associations islamiques ou des écoles coraniques se chargeront d'instrumentaliser cette question. L'école est donc obligée de prendre en considération tous les aspects liés à l'identité de la société française actuelle. Aujourd'hui, l'école reste distante par rapport à la civlisation musulmane qui a pourtant, comme les autres civilisations, donné une importante contribution à l'humanité. L'histoire de cette civilisation musulmane n'est toujours pas pris en compte bien que l'islam soit la deuxième religion de France. Sans remettre en cause les principes de la laïcité, il conviendrait peut-être que l'école assume cet aspect, non pas en prodiguant un enseignement religieux, mais en évoquant simplement le sujet d'une manière plus sérieuse qui permette d'annihiler les visées de la mouvance islamiste et de mouvements comme celui du *Tabligh.* Une telle approche permettrait aux non-musulmans de connaître davantage les valeurs humaines d'une religion à propos de laquelle ils n'ont en tête, aujourd'hui, que les tristes images produites par *Ben Laden* et ses émules. De toute manière, et quelle que soit la méthode qui sera élaborée, il faudra que le problème soit pris à bras-le-corps afin de réduire le champ d'action de la mouvance islamiste. Il est tout à fait clair que l'islam doit occuper une plus grande place que celle qu'il occupe aujourd'hui. Il doit pouvoir s'exprimer, il a besoin de se faire connaître et ne plus être considéré comme un sujet tabou.

L'insécurité a gagné l'école. On le chuchotait déjà depuis quelques années. La drogue, les armes blanches (mais aussi les armes à feu), les faux billets et... l'islamisme ont pu pénétrer dans l'enceinte des établissements scolaires. Les professeurs sont de plus en plus inquiets. Les parents tout autant. Un professeur poignardé par un élève, un adolescent surpris en train de vendre du *« hasch »* au cours de la récréation, un lycéen distribuant des tracts islamistes. Personne ou presque n'accordait de l'importance à ces incidents figurant sous la rubrique des faits divers jusqu'à un passé récent. Si le problème islamiste qui guette également l'école française n'est pas traité aujourd'hui, on ne se rendra compte de la catastrophe que lorsqu'il sera trop tard. Il est donc urgent d'appliquer une politique de prévention afin que les choses n'empirent pas au cours des prochaines années scolaires.

Cette violence qui entre dans les établissements scolaires est un signe d'autant plus inquiétant que – disons-le clairement – plusieurs actes de violence ont été commis par des jeunes de confession musulmane. Durant l'année 2000, plus de 400 établissements étaient considérés *« à risques »*. Depuis la fin des années quatre-vingt-dix, on a enregistré en moyenne 50 000 incidents dans des établissements scolaires [1].

1. Voir *La guerre ne fait que commencer*, A. Bauer et X. Raufer, Lattès, février 2002.

L'autre problème posé par certains collégiens et lycéens est lié à l'orientation. Ces derniers sont souvent *« dégoûtés »* des études parce qu'ils ont été orientés vers des filières qui ne les attiraient pas forcément. Là aussi, il y a, je le crois, matière à réflexion. Un jeune orienté vers une filière qui ne le passionne pas et le *« dégoûte »* aura peu de chance de poursuivre ses études. Ces jeunes qui, finalement, cherchent une écoute un peu plus attentive seraient probablement épargnés, si l'école arrivait à les mettre sur une orbite de réussite. Cela accroîtrait les chances de déjouer les manœuvres du fondamentalisme, cherchant à endoctriner et à manipuler cette jeunesse.

L'école et l'islam, ou plus encore l'école et les religions doivent être les sujets de vrais débats. Le fait de sensibiliser collégiens et lycéens à l'Histoire et au contenu des religions monothéistes ou autres ne fera pas de mal à la laïcité. Une telle action serait même logique, quand on sait le rôle joué par les religions dans le conditionnement des sociétés, y compris de la société française. Sans remettre en question les principes fondamentaux de la laïcité, il est nécessaire que l'école prenne part à une *« lutte intelligente contre les intégristes »*, si tant est que cette lutte soit souhaitée par les pouvoirs publics. S'il est admis que l'école forme les générations de demain, il serait tout à fait normal d'engager l'Éducation nationale dans un processus qui permettrait d'éloigner des Français de confession musulmane du spectre de l'intégrisme musulman.

Conclusion

Le terrorisme islamiste ne pose pas uniquement des bombes, il ne commet pas seulement des carnages, il ne fait pas que détourner des avions et prendre des civils en otage, il réduit et mine également, d'une manière considérable, le champ des libertés individuelles et collectives. Le terrorisme islamiste nous pousse – directement ou pas – à mettre entre parenthèses notre liberté, à changer nos habitudes, à délaisser notre insouciance, sans que nous puissions avoir pour autant une garantie absolue sur notre sécurité. Le terrorisme, même sans frapper, nous épouvante, nous pousse vers l'anxiété. La planète est condamnée aujourd'hui à combattre ce fléau, elle est appelée également à combattre l'idéologie qui le fait vivre, qui constitue son essence, l'islamisme. Naturellement, il n'est pas question d'envoyer tous les extrémistes vers la potence, puisque nul ne pourra appeler à l'ouverture d'une chasse aux sorcières ou à toute action contraire aux principes universels des Droits de l'homme. Cela dit, aucune concession ne doit être faite à l'obscurantisme. J'évoque cet aspect parce qu'un certain angélisme pousse des milieux bien-pensants vers une ridicule surenchère *« droit-de-l'hommiste »*, en cherchant en quelque sorte à victimiser les terroristes islamistes. Que n'a-t-on pas entendu et lu à propos de Guantanamo ? Que n'a-t-on pas entendu et lu à propos de la lutte antiterroriste de l'Armée algérienne et de la résistance du peuple algérien face à l'obscurantisme. Non ! l'islamisme ne constitue pas une *« régression féconde »* mais une régression tout court. La seule fécondité de cette idéologie se résume au nombre de morts et de blessés qu'elle a semé à travers les âges et les lieux. S'il ne faut certainement pas encourager les dérives dans la lutte antiterroriste, il ne faudrait pas non plus avoir peur de dire qu'il est nécessaire de *« terroriser les terroristes »*. Les véritables victimes, les seules, sont celles qui ont été fauchées par les bombes islamistes en France ou aux États-Unis, celles qui sont égorgées en Algérie, lapidées au Soudan ou mutilées en Arabie saoudite. On ne passe pas du statut de bourreau au statut de victime pour avoir été emprisonné à Guantanamo ou pour avoir reçu des coups de pied au derrière dans les casernes d'Alger ou dans les commissariats de Paris. C'est cet angélisme, ce sont les valeurs universelles et les principes de la liberté qui ont permis – ne l'oublions jamais – à l'islamisme de se propager. Les terroristes utilisent nos symboles pour nous tuer. Pire encore : ils utilisent même les ONG censés défendre les Droits de l'homme pour se dédouaner ou s'abriter. Triste époque !

L'islamisme est comme une maladie qui, après avoir envahi un corps sain, le transforme en un corps amoindri guetté par la mort. Si aucune concession ne doit être faite aux terroristes, aucune concession ne doit également être consentie aux islamistes. Je dis cela parce que certains gouvernements français qui ont eu à gérer ce problème par le passé ont souvent préféré l'équilibrisme à la fermeté, le calcul à la dure réalité. À commencer par la *« question du foulard »* qui, au nom de la laïcité, ne doit être toléré dans aucun établissement scolaire ou éducatif, au même titre que les signes ostentatoires des autres religions, jusqu'aux mosquées clandestines qui servent de lieux de rencontre aux intégristes. Aucun traitement de faveur ne saurait être accordé aux islamistes et toute décision – de quelque nature soit-elle – doit être prise dans le cadre du respect des lois et des règles de la République. Cela sera naturellement difficile car les mentalités sont travaillées par un réflexe de facilité : on achète la paix sociale et civique à n'importe quel prix.

Combattre le terrorisme sans s'attaquer à ce mal qui lui sert de racine, c'est-à-dire l'islamisme, ce serait donner un coup d'épée dans l'eau. Négliger cette maxime, c'est s'exposer à tous les risques possibles et imaginables, car il faut avoir à l'esprit que, toutes proportions gardées, l'islamisme est pour le XXIe siècle ce qu'a été le nazisme pour le XXe. Et c'est un musulman qui l'écrit...

L'islamisme est en effet une doctrine qui se sert d'une religion, qui la manipule dans le but d'atteindre un pouvoir qui lui permettra d'étendre l'obscurantisme. Peu de chefs religieux d'envergure ont osé condamner cette idéologie meurtrière et lui opposer le véritable visage de la religion musulmane. Si, en France, *« il n'y a aucun compromis possible, aucune négociation possible et aucun débat possible avec l'extrême droite »*, il faut qu'il en aille de même avec l'islamisme. Les associations intégristes, qui ne cessent d'utiliser tous les subterfuges, toutes les malices, toutes les manœuvres et toutes les impostures pour se faire accepter dans les sociétés occidentales, ne comptent pas s'intégrer dans ces mêmes sociétés, loin s'en faut. Ce serait une grave erreur que de croire qu'il serait possible de *« domestiquer »* l'idéologie islamiste et d'amener ses adeptes à respecter les valeurs occidentales en fermant les yeux, ici et là, sur des comportements contraires aux valeurs républicaines. Sur le plan politique, ce serait une erreur que de croire que l'islamiste algérien *Mahfoud Nahnah* est fréquentable parce que considéré partout comme un *« modéré »*, alors que tout le monde sait qu'il est le représentant officiel des Frères musulmans en Algérie et qu'il a toujours œuvré avec de l'argent saoudien, le même argent qui permet aujourd'hui à *Ben Laden* et à tant d'autres de terroriser le monde. Comme c'était une erreur également de considérer – je le dis au risque de choquer tout bien-pensant – que le célèbre commandant afghan *Ahmed Shah Massoud* était un *« modéré »*, alors que, lui aussi, cherchait tout simplement à imposer sa *charia* qui, sur le fond, n'était en rien différente de celle des autres islamistes.

En France, si l'islamisme est dangereux parce qu'il ne cesse d'enfanter des terroristes et des criminels, il est aussi dangereux parce qu'il est en train d'influer de manière négative sur toute une génération de Français de confession musulmane. Il déstructure sociologiquement une partie de la société dans le but de créer des marginaux qui se retourneront ensuite contre cette société à laquelle ils sont pourtant censés appartenir. L'intégrisme religieux utilise les malheurs, les crises économiques, les conflits et le désespoir pour essayer de se greffer sur la vie des citoyens. Seules des actions dialectiquement menées seraient à même de venir à bout de ce fléau. Sur le plan national d'abord, afin d'endiguer le mal, et international ensuite, pour réduire partout les inégalités et les injustices, promouvoir la démocratie et la liberté, et accorder davantage d'intérêt au bien-être de l'individu en mettant quelque peu entre parenthèses les intérêts financiers qui prennent tous les États en otage et les empêchent de penser, en premier lieu, à la sécurité. Ces actions amoindriraient certainement l'influence de la mouvance islamiste et affaibliraient les rangs du terrorisme international.

En France, une politique claire et cohérente, qui agirait loin des pressions électoralistes, permettrait, grâce aux volontés affichées par une majorité d'intellectuels, d'associations et de citoyens, d'éliminer un danger qui nous menace tous. Oui, l'islamisme, qui nourrit ce terrorisme barbare qui tente de tuer aveuglément partout où il passe, doit être combattu, et ce grâce à une volonté politique où les calculs politiciens n'auraient aucun droit de cité ! Cela dit, il ne faut surtout pas penser que le problème pourrait être réglé en s'attaquant à l'islam et aux musulmans. Ce serait là une autre erreur monumentale. Erreur stratégique, recherchée d'ailleurs par les islamistes, et qu'ils ne manqueraient pas d'exploiter. Il ne s'agit pas d'aller vers *« un choc des civilisations »* ou une chasse aux boucs émissaires. Tous les étrangers résidant en France, tous les musulmans de France et tous les immigrés clandestins ne sont pas des terroristes potentiels. Le croire serait faire le jeu de l'extrême droite qui, dans tous les cas de figure, reste, ne l'oublions pas, un allié objectif des extrémistes musulmans. Les extrémistes de tous bords ont toujours su, malgré leurs divergences de forme, faire alliance sur des questions de fond. Non, les musulmans vivant sur le sol français ne sont pas tous des terroristes potentiels ! Bien au contraire. Une illustration s'il est besoin : le tireur isolé qui a tenté d'attenter à la vie de Jacques Chirac, durant le défilé du 14 juillet 2002, a été maîtrisé par de simples citoyens. Parmi eux, il y avait... *Mohamed Chelali,* un Algérien !

En France, devant la réaction de certains gouvernements face à la gravité que représente l'islamisme, j'ai souvent pensé que les autorités faisaient preuve de laxisme, notamment sous des gouvernements de gauche dont certains ont osé même fouler aux pieds les principes républicains et la laïcité pour faire des concessions aux islamistes au nom... du *« droit à la différence »*, ou *« des droits des minorités »*, des concepts qui n'ont théoriquement aucune place dans un système républicain. Aujourd'hui, des centaines d'associations islamistes sévissent en toute légalité et en toute liberté. Ayant bénéficié de la loi du 19 septembre 1981, qui autorise les étrangers à utiliser le système associatif français et la loi de 1901, ces associations – qui se font passer pour d'inoffensives associations culturelles ou cultuelles – sèment le virus de l'islamisme au sein de la société avec, parfois, l'argent du contribuable. C'est là l'un des paradoxes français.

En réalité, avant les attentats subis par la capitale, et surtout avant le 11 septembre, certains responsables politiques français ont souvent agi par calcul face au danger islamiste, croyant peut-être (comme les Américains) pouvoir l'instrumentaliser et, pourquoi pas, le récupérer. Tous les pays qui ont essayé se sont brûlé les doigts, à commencer par les Américains. Quand on croit manipuler l'islamisme, on s'aperçoit en effet très vite qu'en réalité c'est lui qui manipule.

François Mitterrand, qui était opposé à l'arrêt du processus électoral en Algérie et à la décision du pouvoir local de dissoudre le FIS, pensait que la prise du pouvoir, par les islamistes, était une chose inéluctable et... normale. Ces mêmes islamistes, qui avaient gagné des élections *« démocratiquement »* devaient, pensait-il, prendre le pouvoir. Ce qu'il ne savait peut-être pas, c'est que cette mouvance n'a cure de la démocratie et des grands principes universels consacrés par la Déclaration des Droits de l'homme. Pour les intégristes musulmans, la démocratie est *kofr*, une *« impiété »* à combattre (lire à ce sujet en annexe les extraits d'une déclaration écrite par *Ali Belhadj* à propos de la démocratie). François Mitterrand avait donc décidé, sans l'avouer, de ménager les islamistes algériens, voyant en eux, selon toute vraisemblance, de futurs partenaires politiques et économiques. Fort heureusement, l'Histoire ne lui a pas donné raison, car si l'Algérie était tombée entre les mains des fondamentalistes religieux, la France aurait eu à gérer un autre Kaboul à quelques centaines de kilomètres de Marseille. Si je cite l'exemple des islamistes algériens, c'est en raison des liens qui existent entre la mouvance islamiste algérienne et les intégristes agissant sur le sol français. Ces derniers sont – dans leur majorité – d'origine maghrébine, algérienne notamment, et proches des différents courants islamistes qui existent dans ces pays, liés géographiquement, historiquement et culturellement à la France.

Différentes étapes, au cours des années quatre-vingt-dix, ont montré que les services de renseignements français (mais aussi occidentaux) voulaient davantage gérer la question de l'islamisme et son action violente que la combattre. Cette démarche – ou plutôt cette aventure – n'aura finalement servi que la mouvance terroriste, puisque la pieuvre intégriste a réussi à étendre ses tentacules un peu partout à travers le monde. Je pense sincèrement que la gauche en France – mais aussi en Europe – a servi à travers ses politiques, les intérêts de l'islamisme durant ces dernières années. Il ne fallait surtout pas froisser la susceptibilité des activistes musulmans et prendre le risque de créer un malaise. Des courants d'extrême gauche, eux, font pire. Certains se sont même transformés en porte-voix de l'Internationale islamiste.

Quand on sait qu'un gouvernement socialiste avait, en 1991, licencié – sous la pression des milieux islamistes français – Jean-Claude Barreau, directeur de l'Office des migrations internationales (OMI), parce que celui-ci avait commis un crime de lèse-majesté en publiant *De l'islam en général et du monde moderne en particulier*, ouvrage qui dénonçait ceux qui parmi les musulmans, instrumentalisaient la religion musulmane à des fins politiques [1], on constate que ce dossier a été géré d'une manière légère, les considérations politiciennes prévalant sur le reste, c'est-à-dire sur l'essentiel. Et c'est le moins que je puisse dire.

Les Français ont aujourd'hui peur de l'islam, et les musulmans français se méfient de leurs concitoyens. Une méfiance réciproque,

---

1. *Menaces islamistes* de Pierre-Henri Bunel, Carnot.

des incompréhensions et des arrière-pensées qui mettent les uns et les autres sur la défensive. Une situation qui, de toute évidence, n'arrange personne, puisque c'est la République qui risque d'en souffrir. Le dialogue et encore le dialogue, ce sera la seule clé qui fera sauter tous les blocages. Un dialogue qui devra nécessairement mettre en évidence que l'islamisme n'est pas l'affaire des autorités uniquement, ce n'est pas un problème de policiers ou de magistrats seulement. Cette question – peut-être plus que d'autres – concerne tous les Français, quelles que soient leur origine et leur religion, car ne l'oublions pas : si demain un terroriste islamiste dépose une bombe dans une rame de métro, il ne demandera pas à celle-ci de sélectionner les victimes. Et il n'est plus question aujourd'hui de parler de *« musulmans de France »*, puisque ces derniers sont, pour la plupart, devenus des musulmans français.

La guerre contre l'islamisme et le terrorisme n'est pas une guerre de civilisation même si, comme l'a écrit Jacques Tarnero dans *Le Figaro* du 23 octobre 2001, *« ce sont bien deux visions du monde qui s'affrontent en Palestine, à New York ou en Algérie. Il ne s'agit pas en l'occurrence d'un affrontement Islam/Occident mais entre le monde démocratique porté aujourd'hui par l'Occident et la pensée totalitaire portée par l'islamisme »*.

Des valeurs occidentales comme la démocratie, la liberté d'opinion, les Droits de l'homme et la parité des droits entre les hommes et les femmes dérangent les islamistes qui estiment que ces mêmes valeurs portent atteinte à *« l'unicité de Dieu »* et constituent *« un danger pour les sociétés musulmanes »*.

Lors du détournement de l'Airbus A 300 d'Air France par un commando du GIA, le 24 décembre 1994, les pirates de l'air n'avaient aucune notion de pilotage. Lors des attentats du 11 septembre 2001, les terroristes avaient pris les commandes des avions détournés. C'est dire que le terrorisme islamiste ne cesse d'évoluer. Il a montré qu'il était capable de frapper dans tous les pays du monde, sur terre, en mer et dans les airs. Ce n'est pas de l'alarmisme, mais une triste réalité.

J'espère que ce livre aura contribué à faire admettre que la France est bel et bien malade de l'islamisme et qu'elle est, elle aussi, menacée par le terrorisme. D'ailleurs, quel pays ne l'est pas ?

ANNEXES

Quelques dates repères

- **21 septembre 1993 :** Deux géomètres français sont assassinés par le GIA dans la région de Sidi Bel Abbès, à l'ouest d'Alger.
- **24 octobre 1993 :** Trois agents consulaires français sont kidnappés par le GIA. Ils seront libérés par les services algériens de sécurité une semaine plus tard.
- **3 août 1994 :** Cinq gendarmes français sont assassinés par le GIA à Alger.
- **24 août 1994 :** Un commando dont les membres sont, pour la plupart, de nationalité française commet des attentats terroristes sur le sol marocain. Bilan : deux touristes espagnols tués et plusieurs blessés.
- **24 décembre 1994 :** Un airbus d'Air France reliant Alger à Paris est détourné par des islamistes du GIA algérien. Bilan : trois morts dont un Français.
- **27 décembre 1994 :** Quatre pères blancs, trois français et un belge, sont assassinés à Tizi Ouzou, en Algérie par des terroristes du GIA.
- **11 juillet 1995 :** Abdelbaki Sahraoui, imam de la mosquée de la rue Myrha, à Paris, et cofondateur du FIS algérien, est assassiné à Paris par un groupe terroriste.
- **25 juillet 1995 :** Explosion d'une bombe dans une rame du RER, à la station Saint-Michel. Bilan : huit morts et cent dix-neuf blessés.
- **17 août 1995 :** Explosion d'une bombe avenue Friedland à Paris. L'engin explosif était dissimulé dans une poubelle. Bilan : dix-sept blessés.

- **26 août 1995 :** Tentative d'attentat à la bombe contre le TGV Paris-Lyon.
- **3 septembre 1995 :** Attentat à la bombe au marché Richard-Lenoir dans le XIe arrondissement à Paris. Bilan : quatre blessés.
- **4 septembre 1995 :** Une bombe de 25 kg est désamorcée dans des toilettes publiques de la place Charles-Vallin dans le XVe arrondissement de Paris.
- **7 septembre 1995 :** Explosion d'une voiture piégée devant une école juive à Villeurbanne (Rhône). Bilan : quinze blessés.
- **6 octobre 1995 :** Explosion d'une bombe à la station de métro Maison-Blanche, à Paris. Bilan : douze blessés.
- **17 octobre 1995 :** Explosion d'une bombe dans une rame du RER C près de la station Musée-d'Orsay. Bilan : trente blessés.
- **Entre mars et mai 1996 :** Enlèvement puis assassinat de sept moines trappistes par le GIA dans la région de Tibhirine en Algérie.
- **1er août 1996 :** Pierre Claverie, évêque d'Oran (Algérie), est assassiné dans un attentat, alors qu'il revenait d'une rencontre avec le ministre français des Affaires étrangères, en visite officielle à Alger.
- **3 décembre 1996 :** Explosion d'une bombe à la station RER Port-Royal. Bilan : deux morts et cent vingt-huit blessés.
- **8 mai 2002 :** Attentat à la bombe contre des fonctionnaires de la DCN en mission à Karachi. Bilan : quatorze morts dont onze Français et des dizaines de blessés.

Extraits de la lettre contenant des consignes destinées aux membres du commando responsable des attentats du 11 septembre

1 – *Se préparer à rencontrer la mort : se raser avec soin et se laver...*

2 – *Bien connaître le plan sous tous ses aspects, s'attendre à une réaction ou à une résistance de la part de l'ennemi...*

3 – *Lire la sourate du repentir et bien étudier sa signification en ce qui concerne les martyrs...*

4 – *...Tu dois t'habituer à obéir parce que tu vas être exposé à une situation cruciale...*

5 – *La nuit est tombée et tu dois te mettre à prier...*

6 – *Ouvre-toi car, entre toi et la fin, il n'y a que quelques instants et après commencera la vie bienheureuse et le paradis éternel...*

7 – *Vérifie ton arme avant de partir (aiguise bien ta lame pour qu'elle puisse couper ta victime).*

8 – *Souris et sois convaincu que Dieu est avec les croyants et que les anges te protègent...*

9 – *Toute leur technologie ne pourra pas te porter préjudice car les croyants n'en ont pas peur. Seuls les adeptes de Satan en ont peur...*

Quelques groupes terroristes qui menacent la France...

- ***Al-Qaïda :*** dirigée par *Oussama ben Laden*, elle renferme en son sein de nombreux groupes terroristes. Ses membres sont de toutes les nationalités. Un réseau affilié à cette organisation existe certainement en France...
- ***Groupe islamiste armé (GIA) :*** cette faction terroriste créée en Algérie est composée presque essentiellement d'Algériens, bien que quelques Marocains et Tunisiens en fassent partie. Les attentats déjà commis en France ont été l'œuvre du GIA. Ce groupe est responsable de plusieurs attentats à la bombe et de massacres en Algérie. Le GIA est dirigé depuis l'année 2002 par *Abou Tourab*, un terroriste inconnu du public avant qu'il ne succède à *Antar Zouabri*, l'ancien émir du GIA abattu par l'armée algérienne.
- ***Al-Hijra Oua Takfir :*** le groupe a été démantelé en France, mais d'anciens membres ont rejoint les rangs d'autres organisations terroristes et utilisent leur expérience du *djihad* pour former et diriger des cellules terroristes à travers la France. Ils restent très actifs et difficiles à pister en raison du cloisonnement dans lequel ils vivent. D'autres membres de ce groupe ont quitté la France et se sont installés en Italie ou en Grande-Bretagne, mais ils sont restés en contact avec les réseaux français.
- ***Le Groupe salafiste pour la prédication et le combat (GSPC) :*** rivale du GIA en Algérie, cette faction terroriste dirigée par *Hassan Hattab* est liée directement à *Al-Qaïda* avec laquelle elle coordonne les actions à l'échelle internationale.

Extraits d'un texte signé par Ali Belhadj, un des chefs islamistes algériens, à propos de la Démocratie

La démocratie met sur le même plan l'impiété et la foi. L'idée démocratique est au nombre des innovations intellectuelles néfastes qui obsèdent la conscience des gens. Ils l'encensent du matin au soir, oublient qu'il s'agit d'un poison mortel dont le fondement est impie. C'est pourquoi je me suis résolu à prendre la plume, pour mettre en évidence ce que ce vocable, importé du monde des infidèles, cache de croyances corrompues et de conceptions licencieuses, qui heurtent l'islam au plus profond et distillent leurs idées fausses auprès de la jeunesse musulmane en particulier et des gens en général (...)

La liberté, un slogan maçonnique pour corrompre le monde (...) Le mot liberté est au nombre des poisons maçonniques et juifs, destinés à corrompre le monde sur une grande échelle. Pour nous, au contraire, en islam, la liberté est enchaînée par la charia et non par le droit ni, comme ils le disent, par le souci de nuire à autrui (...)

La démocratie impie considère que l'homme construit son destin indépendamment de son créateur. La formule immorale, *« Donnez à César ce qui revient à César et à Dieu ce qui revient à Dieu »*, est à l'origine du principe de séparation de la religion et de l'État, fondement philosophique de la démocratie. (...) J'ai déjà écrit ailleurs que la séparation de la religion et de l'État équivaut très exactement à la prétention des juifs et de chrétiens de couper la vie de la religion, ce que Dieu a formellement condamné (...)

En islam, la souveraineté de la Loi divine ; en démocratie, la souveraineté du peuple, de la racaille et des charlatans ! Ce qui est interdit est interdit, même si l'ordre venait de tous les Parlements de la terre. Le peuple n'a que le droit de choisir le souverain musulman qui gouverne selon la *charia*...

Ali Belhadj, dirigeant du FIS

DANS LA COLLECTION « DOCUMENTS »
au cherche midi

CHRISTINE ABDELKRIM-DELANNE
Guerre du Golfe
La Sale Guerre propre

GEOFFROY D'AUMALE
JEAN-PIERRE FAURE
Guide de l'espionnage et du contre-espionnage
Histoire et techniques

JAMEL BALHI
Les Routes de la foi

PATRICE BAROIS
Le Tour du monde des volcans

ANDRÉ BENDJEBBAR
Histoire secrète de la bombe atomique française

LAURENCE BENEUX–SERGE GARDE
Le Livre de la honte
Les réseaux pédophiles

JEAN BERNARD
La Médecine du futur

GWEN-AËL BOLLORÉ
J'ai débarqué le 6 juin 1944

ISABELLE BRICARD
Dictionnaire de la mort des grands hommes

MICHEL BÜHRER
Rwanda, mémoire d'un génocide
Textes et photographies

VIRGINIE BUISSON
Lettres retenues
Correspondance confisquée des déportés de la Commune en Nouvelle-Calédonie

JÉRÔME CAMILLY
6 juin 1944, le débarquement

ALEXANDRE DOROZYNSKI
Moi, Vladimir Oulianov, dit Lénine
Le Roman du bolchevisme

JEAN-LUC EINAUDI
Un Algérien, Maurice Laban

Viêt-nam
La Guerre d'Indochine (1945-1954)

ÉRIC EUGÈNE
Le lobbying est-il une imposture ?

PHILIPPE EVEN
Le Scandale des hôpitaux de Paris et de l'hôpital Pompidou

SYLVAIN GOUDEMARE
Marcel Schwob ou les Vies imaginaires

JOSEPH GOURAND
Les Cendres mêlées

JEAN-PIERRE GUICHARD
De Gaulle face aux crises

JEAN-LUC GUYAU
Le Défi paysan

FRANÇOISE et CLAUDE HERVÉ
Le Tour du monde à vélo

ALAIN KALITA
Je suis né deux fois

L'ABBÉ PIERRE
Je voulais être marin, missionnaire ou brigand
Carnets intimes

ALAIN LAVILLE
Un crime politique en Corse,
Claude Érignac, le préfet assassiné

LOÏK LE FLOCH-PRIGENT
Affaire Elf. Affaire d'État

MARIE-AMÉLIE LOMBARD
ÉRIC DECOUTY
Les Avocats dans le secret des affaires

DOMINIQUE LORMIER
Les Combats victorieux de la Résistance dans la Libération, 1944-1945

LUIGI LUCHENI
Mémoires de l'assassin de Sissi
édition établie et présentée par Santo Cappon

PHILIPPE MAURICE
De la haine à la vie

FAWZI MELLAH
Clandestin en Méditerranée

PHILIPPE MÉLUL
Le Tour du monde en train

MARTIN MONESTIER
Peines de mort
Histoire et techniques des exécutions capitales, des origines à nos jours

Suicides
Histoire, techniques et bizarreries de la mort volontaire, des origines à nos jours

Les Animaux-Soldats
Histoire militaire des animaux, des origines à nos jours

Histoire et Bizarreries sociales des excréments, des origines à nos jours

Les Mouches : le pire ennemi de l'Homme

Cannibales
Histoire et bizarreries de l'anthropophagie hier et aujourd'hui

Les Seins
Encyclopédie historique et bizarre des gorges, mamelles, poitrines, pis et autres tétons, des origines à nos jours

THÉODORE MONOD
Le Chercheur d'absolu

KEIJI NAKAZAWA
J'avais six ans à Hiroshima, le 6 août 1945, 8 h 15

JEAN-LOUIS NOYÈS
Souvenirs d'un magnétiseur

MOHAND OUAHRANI
La France, tout un monde

JACQUES PLAINE
Souvenirs d'un libraire
illustré par Piem

GILLES PLAZY
Gustave Courbet, un peintre en liberté

YVES POURCHER
Pierre Laval vu par sa fille
d'après ses carnets intimes

GISÈLE PRÉVOST
Voyage au pays du luxe

MAURICE RAJSFUS,
Drancy, un camp de concentration très ordinaire, 1941-1944

La Police de Vichy,
les forces de l'ordre françaises au service de la Gestapo, 1940-1944

L'Humour des Français sous l'Occupation,
en collaboration avec Ingrid Naour

La Police hors la loi.
Des milliers de bavures sans ordonnances, depuis 1968

Les Français de la débâcle
Juin-septembre 1940, un si bel été

Mai 68. Sous les pavés, la répression juin 1968-mars 1974

La Censure militaire et policière, 1914-1918

De la victoire à la débâcle
1919-1944

Opération étoile jaune
suivi de
Jeudi noir

JACQUES ROSSI
Manuel du Goulag

Qu'elle était belle cette utopie
Chroniques du Goulag

Jacques le Français,
pour mémoire du Goulag
en collaboration avec Michèle Sarde

CATHERINE DE SILGUY
Histoire des hommes et de leurs ordures,
du Moyen Âge à nos jours,
préface d'Éric Guillon

CHRISTEL TRINQUIER
Femmes en prison

VÉRONIQUE VASSEUR
Médecin-chef
à la prison de la Santé

DANIEL ZIMMERMANN
Jules Vallès, l'Irrégulier

Composition et mise en pages DV Arts Graphiques à Chartres
Imprimé en France par la Société Nouvelle Firmin-Didot
Dépôt légal : septembre 2002
N° d'édition : 275 - N° d'impression : 60886
ISBN : 2-749-00-275